ANTIGA MUSA
(arqueologia da ficção)

ANTIGA MUSA
(arqueologia da ficção)

2ª edição revista e ampliada

Jacyntho Lins Brandão

Relicário

CIP – Brasil Catalogação-na-Fonte | Sindicato Nacional dos Editores de Livro, RJ

B817a

Brandão, Jacyntho Lins, 1952-.

Antiga musa (arqueologia da ficção) / Jacyntho Lins Brandão. – 2. ed. rev. ampl. – Belo Horizonte: Relicário, 2015.
196 p. : 14 x 21 cm
Inclui bibliografia.
ISBN 978-85-66786-17-0

1. Literatura - Filosofia. 2. Poesia grega – História e crítica - Teoria. 3. Poética. I. Título.
CDD-808.1

COORDENAÇÃO EDITORIAL Maíra Nassif Passos
PROJETO GRÁFICO & DIAGRAMAÇÃO Ana C. Bahia
REVISÃO Lucas Morais

RELICÁRIO EDIÇÕES
www.relicarioedicoes.com
contato@relicarioedicoes.com

Para meu filho Pedro,
πολύτροπος ἀνήρ

PRÓLOGO

A expressão *a poética clássica*, em princípio, não apresenta nenhuma dificuldade, pelo menos para pessoas com certo grau de escolaridade e algum conhecimento literário. Trata-se, no entanto, de uma falsa impressão, ou melhor: não em si falsa, mas de contornos incertos, uma vez que o enunciado pode cobrir vários significados, na progressão exata em que se ajuntam os sentidos possíveis de *poética* aos múltiplos sentidos de *clássico*. Falamos da poética trovadoresca tão naturalmente quanto das poéticas modernistas ou pós-modernas; falamos de clássicos franceses, ingleses, portugueses, brasileiros, ou seja, dos nossos clássicos tão bem quanto dos clássicos dos outros; referimo-nos, ainda, ao classicismo renascentista e ao classicismo da *Pleiâde*, isso quando não lançamos mão de nuanças como neoclassicismo, pré-classicismo, pós-classicismo ou anticlassicismo. Muitas vezes, com relação a uma obra singular, a crítica emite juízos como considerá-la muito (ou pouco) poética, ou afirma que tal livro é um clássico em sua área.

No sentido mais especializado, *a poética clássica* evoca no ouvinte a produção literária greco-latina, ou seja, daqueles escritores que são tanto nossos quanto deles – que nos pertencem sem pertencer totalmente, por incluir nosso passado sem excluir outros que não nós desse mesmo passado. Homero e Virgílio são poetas clássicos, poetas clássicos por excelência – o que implicaria que neles se encontra a poética clássica em grau máximo. Sem dúvida, trata-se de um bom sentido para a nossa expressão.

Há, entretanto, mais: numa perspectiva pontualmente exata, *a poética clássica* designa o conjunto da reflexão greco-romana sobre a literatura – agrupando uma série de tratados que discutem a composição, as finalidades e os efeitos da poesia. Os mais conhecidos são os que integram o volume organizado e traduzido por Jaime Bruna, intitulado justamente *A poética clássica*, que inclui a *Poética* de Aristóteles, o *Tratado do sublime* do Pseudo-Longino e a *Arte poética* de Horácio (de um modo geral, trata-se de títulos convencionais, uma vez que o *tratado* de Aristóteles se chamaria, mais exatamente, *Sobre a poética*, o do Pseudo-Longino, *Sobre o sublime*, e o de Horácio, que é em versos, *Epístola aos Pisões*). O senso comum (nesse caso, um senso comum acadêmico), como quase sempre, não falha ao eleger essas três obras, que tiveram uma importância capital do ponto de vista da recepção da poética antiga. Entretanto, o fato de serem referenciais não pode fazer esquecer que são obras situadas num conjunto muito mais amplo, com o qual dialogam e do qual não podem ser dissociadas, tanto no sentido do que as antecede quanto do que lhes sucede.

Essa primazia do temporal inscreve-se na própria expressão de que nos ocupamos: um substantivo e um conceito de origem grega, *poética*; um adjetivo e um conceito de origem romana, *clássica*. Grécia e Roma inscrevem nela suas marcas – marcas em princípio espaciais que, entretanto, nossa experiência temporaliza (essa experiência nossa que não é nossa totalmente porque é também a experiência deles, isto é, dos antigos). Ainda que digamos naturalmente essas três palavras em português, pondo na expressão também a nossa marca, por meio do breve artigo feminino que a encabeça – como, a seu modo, também o fazem espanhóis, italianos, franceses, ingleses etc. –, apesar da naturalidade com que soam as palavras, não há como negar que seja um enunciado plurilíngue ou, mais ainda, multicultural. É isso que o torna complexo, incitando à reflexão: não mais tanto o que chamamos de *a poética clássica*, mas por que a chamamos de *a poética clássica*.

Artigo-substantivo-adjetivo, um sintagma tão familiarmente simples é nossa garantia de inteligibilidade. Entretanto, *poética*, a rigor, é nada mais que um adjetivo, cuja substantividade está garantida pelo breve determinativo *a*: num estado, digamos, natural, *poético*, *poética* são palavras que, como atributos, buscam um nome – obra poética, percurso poético, lugar poético, pessoa ou situação poéticas. Não compete, aqui, entrar em detalhes sobre esses significados atributivos, mas tão somente sentir que *poética* é, por natureza, um adjetivo tanto quanto *clássica*. Podemos, portanto, falar de uma *poética clássica*, como de um *clássico poético*. A troca de posição sintagmática só é possível pelo fato de que, arqueologicamente, estamos diante de dois adjetivos. Um artigo e dois adjetivos que, numa certa medida, se qualificam mutuamente. É por isso que, num sentido amplo, podem aplicar-se a várias literaturas: a poética clássica francesa, a poética clássica portuguesa, as nossas poéticas clássicas e as poéticas clássicas dos outros.

Não se deixa de perceber, contudo, que esses dois adjetivos devem determinar um substantivo que, de tão evidente, passou a ser dispensável: que coisa se diz poética? Resposta: uma certa *arte*. Assim, do indefinido (uma arte poética), passamos para uma primeira definição: a arte poética, aliás, o nome comum de um dos três clássicos da poética clássica, o de Horácio, já denominado como *Ars poetica* ou *De arte poetica liber* por Quintiliano (cf. *Instituições Oratórias*, dedicatória, 2: *usus deinde Horati consilio, qui in arte poetica suadet*...; VIII, 3, 60: *Horatius in prima parte libri de arte poetica*...). Essa "arte poética" ganha ainda um novo atributo, num processo de sobreadjetivação, tornando-se *a arte poética clássica*. Isso significa, num primeiro nível, que o termo *clássica* apenas recorta e delimita um setor da arte poética; mas significa também mais, na medida em que ele pode adjetivar diretamente o mesmo substantivo, definindo um campo próprio: *a arte clássica*. Tudo, portanto, depende do enfoque: ou pensar-se um recorte de gênero na arte, reconhecendo-se a especificidade de uma *arte poética*, em seguida novamente recortada pelo termo *clássica*; ou pensar-se um outro recorte de gênero na arte, especificando um domínio próprio de uma *arte clássica*, no conjunto da qual se reconhece, em seguida, o específico do *poético*. Recorde-se que, a rigor, o termo *classicus* não se referiria, pelo menos na origem, a *ars* (arte), mas a *scriptor* (escritor), o que tem importância para a distinção que se faz entre crítica e teoria, uma vez que ele se refere ao particular (escritor clássico), e não ao universal (como acontece quando se diz arte poética). Por isso é que, quando substantivados, temos *a poética* (no feminino, supondo-se *arte*), mas *o clássico* (masculino, supondo-se *escritor*).

O que estou tentando expressar não é um mero jogo de palavras, mas toca numa distinção que considero fundamental, a saber: o discernimento entre o que seria próprio, no contexto da poética clássica, da *teoria literária* e o que seria próprio da *crítica literária* (ou, se quisermos, o que seria próprio da *poética teórica* e o que o seria da *poética crítica*). É que a arte poética (incluindo a clássica) é da ordem da teoria; já a arte clássica (incluindo a poética) pertenceria ao contexto da crítica. Nem sempre é fácil distinguir teoria de crítica literária, dado que toda crítica supõe um certo nível de teorização, bem como a teoria exerce algum tipo de crítica. Valha, entretanto, o exemplo de Aristóteles: façamos nosso próprio recorte, explicitando o valor que emprestamos a cada termo, em benefício da clareza da própria exposição.

Entendo por teoria a construção de modelos – o que não distinguiria, quanto ao método, uma teoria poética de uma teoria física, por exemplo. O modelo tem, sem dúvida, os pés na experiência, mas institui-se no nível do discurso, ou do *lógos*, sendo, portanto, etimologicamente (isto é, *efetivamente*, *autenticamente*), um produto *lógico*. Isso significa que, a partir da experiência, se procura não apenas descrevê-la, analisá-la ou interpretá-la, mas descobrir e explicitar uma *lógica*, no sentido primeiro do discurso e, em seguida, do pensamento que se manifesta discursivamente – a lógica subjacente aos fenômenos tais quais se apresentam à observação. Existe, portanto, um jogo lógico, discursivo e reflexivo, a partir do qual a teoria ultrapassa o nível fenomenológico, instituindo-se plenamente como *theoría* (o modelo que se vislumbra e cujo sentido está não na experiência, mas justamente no *lógos*). Uma lei física, por exemplo, parte da empiria, mas ganha o estatuto de lei quando constituída como modelo, algo que leva a que se possa dizer: em certas condições, fazendo-se tal coisa, teremos tal outra coisa. Ainda que nos acontecimentos singulares interfiram fatores não previstos no modelo, alterando o resultado final, nem por isso se invalida este. Poder-se-ia dizer o mesmo de uma lei fonética, para tomar um exemplo próximo, a qual se confirma geralmente em numerosos casos, mas admite sempre as chamadas exceções, que seriam, antes, fenômenos em que interferem fatores de ordem linguística, estilística, psicológica, histórica ou social não previstos no modelo.

Isso não implica que as teorias, em função do impacto das *exceções*, devam ser abandonadas. Uma teoria só é abandonada quando se muda o modelo *lógico* em que se assenta. No mais, os fenômenos sempre ultrapassam e sempre ultrapassarão qualquer teoria, na medida mesma em que o discurso (o *lógos*) humano não consegue dizer, de modo totalizador, o mundo (a *teoria do todo*, almejada pelos físicos, provavelmente se revelaria, afinal, uma espécie de *teoria do acaso*, um paradigma aberto em grau extremo, pois só assim seria possível abarcar a multiplicidade e variabilidade dos fenômenos, sem deixar de fora nenhum deles). Dizendo de outro modo: nenhuma teoria pode pretender ser *a verdade*, pois não passa, por natureza, de um corte, intencionalmente feito pelo *lógos*, sobre o mundo. Pensemos em nossa classificação dos animais, que é praticamente a de Aristóteles e trabalha com base num modelo de semelhanças e diferenças (uma espécie de aplicação nuançada do princípio de identidade): peixes, aves, mamíferos etc. Nada aparentemente mais natural, exato e lógico. Temos a tentação de admitir que estamos diante de um espelho impoluto que nos devolve o mundo tal qual é, permitindo-nos descobrir não a nossa lógica, mas a do próprio mundo. Porém, como, por meio desses parâmetros, classificar o ornitorrinco, que é mamífero, mas tem bico, bota ovos, mas tem pêlos, nada como os peixes e apresenta certas características dos répteis?

Assim, o que chamo de *teoria*, explicitando que sua função é elaborar modelos explicativos para os fenômenos, tem duas características indispensáveis: estar *aquém* e *além* desses mesmos fenômenos. Aquém porque nem tudo acontece de acordo com o que expõe (e às vezes determina) um modelo; além porque a teoria ultrapassa a observação e a empiria, torna-se autônoma em relação ao *corpus* do qual partiu e tem a capacidade de postular o *virtual*. Arqueologicamente, é esse movimento que teria fundado o que chamamos de *pensamento científico*, na medida em que a observação conduziu à construção, ainda que implícita, de modelos. Sirva de exemplo a arte da adivinhação na antiga Babilônia. Num primeiro nível, o esforço se concentra em relacionar fenômenos em princípio casuais (cuja relação deveria ter sido testada, *a posteriori*, numa série de ocorrências). Essa relação expressa-se, basicamente, por meio de uma fórmula linguística e lógica: uma prótase, introduzida pela marca da hipótese (*se*, *suposto que*, em que se formula o presságio), seguida de uma apódose (em que se refere o prognóstico, isto é, o que se deduz do presságio relativamente ao futuro). Desse modo, por exemplo, encontramos nos tratados babilônicos: "se um homem tem o pêlo do tórax enrolado para cima, cairá na escravidão"; "se um homem, com o rosto congestionado, tem seu olho direito proeminente, longe de sua casa o devorarão os cães"; "se a vesícula biliar [do carneiro sacrificado] é desprovida de canal colédoco, o exército do rei, durante uma expedição militar, sofrerá de sede"; "se o Vento do Norte varre a face do céu até o aparecimento da Lua Nova, a colheita será abundante" (Bottéro, 1991, p. 27).

Ressalte-se que se trata de um modelo lógico, que nós, sob a autoridade da ciência, utilizamos largamente (se alguém comer muito sal, sofrerá de pressão alta), devendo-se nosso estranhamento diante do documento babilônico apenas ao fato de que, *a priori*, não damos crédito a processos divinatórios, motivo por que a sintaxe dos dois elementos do enunciado nos parece desconjuntada (mas por que não pareceria também a do nosso enunciado, uma vez que nem todo mundo que come muito sal necessariamente sofre de pressão alta?). Nesse sentido, afirma Bottéro (1991, p. 29):

> o mais velho conteúdo de oráculos tem, portanto, todas as chances de ter sido constituído desta forma: por verificação de sequências de acontecimentos que não tinham entre si elo aparente, mas, observou-se, tinham-se sucedido uma vez e estabeleceu-se de imediato que sucederiam sempre.

O surpreendente, porém, em nosso modelo arcaico, é como o dado empírico pode ser ultrapassado, posto que, num certo número de casos, as hipóteses expostas parecem improváveis, senão impossíveis: assim, o autor de um dos tratados, após considerar que o nascimento de gêmeos, triplos, quádruplos ou quíntuplos pressagia certas coisas, desenvolve sua série admitindo, na prótase, o nascimento de sêxtuplos, óctuplos e nônuplos! (Bottéro, 1991, p. 31). No nível dos fenômenos, pode-se admitir que essas cifras elevadas jamais teriam sido observadas (e isso seria uma confortável prova para brandirmos contra a seriedade da adivinhação); mas, no nível da teorização (ou do pensamento científico), é essa autonomia com relação ao fenômeno que decreta a maturidade da reflexão: as cifras elevadas não dependem da observação, pois são propostas a partir da lógica do próprio modelo (*se acontece tal, então acontecerá tal*). Ou seja, mesmo que jamais o postulado de uma fórmula tenha sido observado, nem por isso é impossível que aconteça, dado que está de acordo com a lógica do modelo. Nesse sentido, sua simples formulação faz com que se constitua como uma espécie de *acontecimento virtual*:

> Nessa sistematização (...) há no fim das contas uma vontade de registrar não só tudo que foi observado, mas também tudo aquilo que *teoricamente* deveria ser observado, tudo aquilo que, sem jamais ter sido, poderia ser. (...) O caráter *científico* da adivinhação levou-a, portanto, além do real, até o possível... (Bottéro, 1991, p. 31)

Observe-se que não oponho *virtual* a *real*, porque o virtual é, ele também, real – exibindo, muitas vezes, graus extremados de realidade, na qualidade do que está além dos fenômenos. Prefiro pensar que se oponha ao meramente factual ou, talvez de modo mais exato, ao *histórico*, no sentido em que entendia Aristóteles, isto é, que a *historía* se ocupa do particular (enquanto *investigação*), por oposição à filosofia, que se ocupa do universal (ou de *tà kathólou*). Nessa perspectiva, poderia acrescentar, desde logo, que a teoria da literatura, como qualquer teoria, está para a filosofia do mesmo modo que a crítica literária está para a história, na medida em que o objeto desta última são autores ou obras históricas – ou mesmo tendências (escolas) cuja consideração constitui, por si, um inteiro campo do saber. Quem estuda Homero, por exemplo, sabe avaliar bem o que isso quer dizer, não devendo ser esquecido que a crítica nasceu, no mundo helenístico, justa e principalmente a partir dos problemas que levantavam os poemas homéricos, do ponto de vista filológico, linguístico, poético e exegético, ou, dizendo de outro modo: das *exceções* ao que se julgava ser a *regra* homérica (cf. Nagy, 2000, p. 135-189).

Por outro lado, é altamente significativo que a teoria da literatura tenha surgido, no âmbito da filosofia, com Platão e Aristóteles, os quais estão, também, em grande parte, lidando com problemas levantados pelos poemas homéricos, mas numa perspectiva diferente, que ultrapassa a simples análise, explicação e interpretação dos *corpora*, enveredando pelo questionamento dos processos de composição, transmissão e recepção da obra literária. Naturalmente, essa primeira teoria não se isola em relação ao *corpus* da literatura sobre o qual reflete, nem desconhece a reflexão sobre essa mesma literatura presente, principalmente, nas próprias obras literárias. Não seria de esperar que fosse diferente. Entretanto, as teorizações de Platão e de Aristóteles, cujos vínculos são evidentes, logram a construção plena de modelos, de que a generalidade se comprova pelo fato de que continuaram válidos para pensar-se, além do *corpus* histórico disponível na época em que foram elaboradas, também literaturas posteriores. Basta recordar-se a fortuna histórica do conceito de mimese, a que acompanham também os de gênero, narrativa, catarse etc.

O objetivo deste livro é examinar as condições que motivaram o surgimento das teorias sobre a literatura na Grécia, concentrando-se em seus princípios – ou seja, no que Miner denomina *poéticas implícitas* (reflexões metalinguísticas ou metaliterárias contidas nos próprios textos, cf. Miner, 1996). Por isso o subtítulo de "arqueologia da ficção", visto que a perspectiva *arqueológica* interessa aqui nos três sentidos de *arkhé*: começo, princípio e poder. Intento, assim, uma investigação dos *primórdios* da reflexão poética na Grécia, motivo pelo qual me restrinjo aos dois conjuntos de textos mais arcaicos que recebemos, os poemas homéricos e hesiódicos; por outro lado, trata-se, também, de uma reflexão sobre os *princípios* que se podem deduzir das poéticas implícitas de algum modo expressas ou sugeridas nos dois *corpora* referidos; finalmente, esses dados interessam enquanto os gestos inaugurais de uma determinada tradição poética (e literária) que permanecerá sob o *controle* desses mesmos gestos, levantando problemas de compreensão e avaliação profundos e capazes de impulsionar o surgimento das *teorias literárias*.

A nossa Musa, portanto, é *arcaica* enquanto começa, inaugura e domina uma longa história. Ainda que seja antiga, convém confessar desde logo que a leitura a que a submeto se interessa menos por sua antiguidade do que pelo papel por ela desempenhado da perspectiva da longa duração, privilegiando, em seu perfil, os dados que parecerão problemáticos para as futuras gerações de leitores, críticos e teorizadores (em primeiro lugar os gregos, mas, ainda, por consequência, também os outros, isto é, nós, que tornamos sua Musa plurilíngue). No fundo, o trabalho pretende buscar algumas imagens arquetípicas capazes de representar o lugar do poeta, do poema e de seu público, bem como proceder, de fato, à arqueologia de alguns conceitos que, a partir de Platão, serão elaborados para permitir que se pensem e se compreendam os processos de composição, transmissão e recepção da literatura – conceitos que encontram sua motivação última na necessidade de julgar-se qual é, afinal, o estatuto da ficção.

Não é a respeito de tudo que a antiga Musa canta que nos ocuparemos nas páginas a seguir, mas apenas do que interessa ao recorte indicado. O que implica que, se não teórica, estaremos no encalço, pelo menos, de uma Musa pré-teórica. Princípio das teorias. Princesa dos teorizadores.

* * *

Este livro começou a ser escrito em fins de 1998, quando estive, durante um semestre letivo, como professor visitante na Universidade de Aveiro, em Portugal. Beneficiando-me das excelentes condições de trabalho de que lá gozei, decidi pôr no papel alguns dos elementos que vinha explorando em cursos sobre as poéticas clássicas, ministrados por mim na Universidade Federal de Minas Gerais desde meia dezena de anos. Como é natural, estas reflexões ampliaram-se e enriqueceram-se a cada esforço de sistematização e clarificação que a atividade docente proporciona, tanto no nível da pós-graduação quanto da graduação, pois o diálogo com os estudantes levanta questões despercebidas ou provoca a necessidade de que se apurem conceitos ainda mal elaborados.

Assim, além da experiência portuguesa e da prática ininterrupta de lidar com estes temas na UFMG, desejo deixar registrada também a oportunidade, breve mas enriquecedora, de falar sobre o assunto em curso de quinze horas que ministrei na Universidad Nacional del Sur, em Bahía Blanca, Argentina, na primavera de 2001. A isso se somariam, ainda, outras oportunidades de apresentação de partes do texto na forma de conferências, em diversas instituições, com destaque para a Universidade Federal de Juiz de Fora, a Universidade Estadual

Paulista, campus de Araraquara, e a Universidad de Valladolid, na Espanha – ocasiões preciosas em vista da riqueza dos diálogos sem outras mediações a que o exercício das *palavras aladas* que voam de boca a ouvido dá lugar.

O primeiro capítulo incursiona, com um viés etimológico, pelo que cerca o surgimento dos conceitos de poeta, poesia e poema. Tanto este breve apanhado, como o segundo, o terceiro e o quarto capítulos foram concebidos inicialmente como introdução a um livro sobre as poéticas gregas (introdução que se queria simples e se intitularia *As práticas que antecedem as teorias*). Entretanto, os desdobramentos do quinto, sexto e sétimo capítulos levaram-me a perceber que a mera introdução havia declarado sua independência, constituindo-se como um livro autônomo.

Antes da primeira edição do livro, publicado pela Faculdade de Letras da Universidade Federal de Minas Gerais em 2005, o segundo e o quarto capítulos, adaptados às situações que motivaram sua apresentação prematura, apareceram em periódicos sob a forma de artigos, a saber: "A Musa de Homero". *Órganon*, v. 13, n. 27, Porto Alegre: Universidade Federal do Rio Grande do Sul, p. 15-28, 1999 e "As Musas ensinam a mentir". *Ágora*, v. 2, Aveiro: Universidade de Aveiro, p. 7-20, 2000.

Esta nova edição preserva tudo da primeira, acrescentando-se, contudo, um novo capítulo (o oitavo) dedicado ao aprofundamento das reflexões sobre o problemático canto de Fêmio no palácio de Ulisses.

Agradeço a Diogo Gama da Costa e Silva, que, em curso que ministrei na UFMG no segundo semestre de 2004, leu atentamente a primeira versão integral do livro, tendo a delicada liberdade de fazer-me uma série de observações pertinentes, as quais me levaram a extirpar do texto todo um capítulo (deveras fora de contexto) e a reordenar os demais de modo a torná-los mais legíveis.

À erudição de meu filho Bernardo, a que se alia um agudo senso crítico e competência para lidar com os instrumentos de pesquisa na área da informática, devo um auxílio precioso quando, na redação das considerações sobre o verdadeiro e o falso, que abrem o sexto capítulo, me enredei num sem número de opiniões. É uma felicidade contar com um interlocutor assim.

Magda, Fernando e Pedro também sempre fazem parte de cada trabalho meu simplesmente por estarem aqui, agora na companhia dos novos membros da família, Roberta e Lorena, e, em especial, dos netos que me permitem enxergar de novo o mundo com um olhar primevo: João Pedro e Francisco.

Por último, cumpre registrar que a pesquisa de que resultou este trabalho contou, a par das privilegiadas condições materiais e, sobretudo, intelectuais que propicia a Universidade Federal de Minas Gerais, com o apoio do Conselho Nacional de Desenvolvimento Científico e Tecnológico, por meio da concessão de bolsa de produtividade em pesquisa.

1

POÉTICAS GREGAS

Sem o poeta não há póeticas: esse é o pressuposto que servirá de guia para as reflexões que motivam este livro. Nos textos de que nos ocuparemos, todavia, o poeta (aparentemente) ainda não existe – ou, com mais exatidão, sem dúvida ainda não se trata por esse nome. Sabe-se como ele se entende como cantor (*aoidós*), considera sua produção como canto (*aoidé*) e sua atividade como cantar (*aeídein*).[1] Entretanto, o aedo nos interessa como *arkhé* do poeta, motivo por que uso este último termo para indicar tanto a função daquele que compõe o poema quanto a do narrador ou enunciador.

É bem verdade que esse sentido só foi atribuído a *poietés* no século V a. C., sendo, em princípio, anacrônico aplicá-lo a Homero e Hesíodo. Por outro lado, as preocupações modernas em distinguir o poeta do narrador ou do enunciador são, em certa medida, improcedentes com relação à Antiguidade, até porque o que sabemos dos poetas gregos, em geral, é que são os enunciadores dos poemas que deles recebemos. Isso se aplica a Homero: ele é, para nós (e também para os gregos), nada mais que o narrador dos poemas homéricos. Na minha opção pelo termo poeta, tem importância o fato de Platão e Aristóteles utilizarem-no para designar o sujeito da enunciação (e, para ambos, Homero é, sem dúvida, o poeta por excelência), bem como as vantagens que há em manter-se, no correr do presente trabalho, alguma coesão terminológica.

---

1. Na transliteração das palavras gregas, os acentos são conservados em seu exato local, de acordo com a norma corrente, cumprindo lembrar que, nos ditongos, ao contrário do que acontece em português, se põem sobre a segunda letra (assim, *poíema* lê-se 'póiema'; *aeídein*, 'aéidein'; *poíesis*, 'póiesis'; *poieîn*, 'poiéin'; *theoí*, 'theói'; etc.).

Ora, se Homero e Hesíodo não conhecem os termos *poietés* (nome do agente), *poíesis* (nome da ação) e *poíema* (nome do resultado da ação), conhecem o verbo *poieîn*, fazer, cujos significados têm impacto nas noções posteriores do poeta enquanto *fazedor* ou *produtor*, da poesia como *feitura* ou *produção* e do poema como *feito* ou *produto*.

Em Homero, *poieîn* indica tanto *fabricar*, *construir* (*dôma poíese*, "construiu um palácio", *Ilíada*, I, 608) quanto *produzir* (*eídolon poíese*, "produziu uma imagem", *Odisseia*, IV, 796), *causar*, *provocar* (*teleutèn poiêsai*, "causar o fim", *Odisseia*, I, 250; *epeì ár se theoì poíesan hikésthai oîkon*, "já que os deuses te fizeram voltar para casa", *Odisseia*, XXIII, 258), *obrar*, *executar* (*árista pepoíetai*, "executar feitos excelentes", *Ilíada*, VI, 56), *organizar*, *promover* (geralmente aplicado a assembléias: *agorèn poiésato*, "promoveu uma assembléia", *Ilíada*, VIII, 2), *tornar* (seguido de adjetivo: *tá moi theoì ouraníones ólbia poiéseian*, "isto [a despedida dos feácios e seus presentes] os deuses celestes, para mim, tornem próspero", *Odisseia*, XIII, 41-42), (*dis*)*por*, *situar em certo lugar* (em geral no espírito: *emoì Zeùs... enì phresìn hôde nóema poíes'*, "Zeus... me pôs no peito essa determinação", *Odisseia*, XIV, 247). Em Hesíodo, registra-se o sentido de *criar*, *trazer à existência*, aplicado à capacidade originária da Terra de procriar, produzir (*aîpsa dè poiésasa génos polioû adámantos*, "e logo criou o gênero do aço cinzento", *Teogonia*, 161). Em Heródoto encontramos ainda o sentido de *celebrar* uma festa (*poieîn hirá*, IX, 9), como também em Xenofonte (*poieîn tèn thysían tôi Poseidôni*, "fazer o sacrifício para Posídon", *H.*, *G.*, IV, 5, 1), em Tucídides (*têi theôi heortèn... poeieîn*, "celebrar a festa da deusa") e em Platão (*pannykhída poiésousin*, "celebrarão a festa noturna", *República*, 328 a). A partir de Heródoto, encontramos também o sentido de *considerar*, *julgar* (*symphorèn poiéesthai megálen*, I, 83). Na voz média, *poiéesthai* pode, determinado por um substantivo, substituir o verbo derivado desse mesmo substantivo, como acontece em *poiéesthai mákhas*, fazer guerra (Sófocles, *Electra* 302), em lugar de *mákhestai*, guerrear (também em *boulèn p.* = *bouleúesthai*, Heródoto VIII, 40; *thaûma p.* = *thaumázesthai*, Heródoto I, 68; *apókrisin p.* = *apokrínesthai*, Platão, *Leis* 987 d; outros exemplos em Lledó Iñigo, 1961, p. 15-17).

De um modo mais ou menos livre, poderíamos encontrar, em português, usos do verbo fazer ou perífrases com o mesmo capazes de traduzir cada um desses significados: fazer uma casa, fazer alguém voltar para casa, fazer uma assembleia, fazer alguém próspero, fazer surgir um pensamento no espírito de alguém, fazer o duro aço, fazer uma festa, fazer de algo uma grande desgraça etc. Interessa, contudo, registrar que a aplicação de *poieîn* à esfera artística é igualmente arcaica, sendo amplamente atestada, por exemplo, na cena da *Ilíada* em que Hefesto fabrica o escudo de Aquiles. Pela sua importância, examinemos as diversas etapas desse trabalho, longamente descrito por Homero[2] :

1. Fez (*poíei*) primeiro um escudo grande e compacto,
por todos os lados ciselado. Lançou-lhe à volta uma orla brilhante,
tríplice e clara, e um talabarte de prata. (*Ilíada*, XVIII, 478-480)

2. Cinco camadas ele tinha. Nele então o deus
fez (*poíei*) muitos relevos com hábil engenho. (*Ilíada*, XVIII, 481-482)

3. Aí primeiro a terra forjou (*éteuxe*), aí então o céu, aí então o mar,
o sol incansável, a lua redonda,
e todas as constelações que o céu coroam... (*Ilíada*, XVIII, 483-485)

4. Aí então duas cidades fez (*poíese*), dos homens mortais,
ambas belas. Numa havia bodas festivas... (*Ilíada*, XVIII, 490-491)

5. Aí então pôs (*etíthei*) um campo há pouco lavrado, aragem fértil,
extensa, ubérrima... (*Ilíada*, XVIII, 541-542)

6. Aí então pôs (*etíthei*) um domínio real, onde segadores
ceifam, tendo na mão foices afiadas... (*Ilíada*, XVIII, 550-551)

7. Aí então pôs (*etíthei*) uma vinha carregada com cachos maduros,
bela, dourada... (*Ilíada*, XVIII, 561-562)

8. Aí então uma manada fez (*poíese*), de vacas de cornos eretos
e as vacas forjadas (*teteúkhato*) de ouro e de estanho... (*Ilíada*, XVIII, 573-574)

---

2. Para um comentário detalhado deste passo da *Ilíada*, veja-se Edwards (1991, p. 200-233).

9. Aí então um pasto fez (*poíese*) o ínclito Anfigieu,
grande, num belo vale, com ovelhas luzentes... (*Ilíada,* XVIII, 587-588)

10. Aí então uma dança cinzelou (*poíkille*) o ínclito Anfigieu,
semelhante à que, outrora, na ampla Cnosso,
Dédalo organizou para Ariadne de belas tranças... (*Ilíada,* XVIII, 590-592)

11. Aí então pôs (*etíthei*) a grande força do rio Oceano,
na orla extrema do escudo bem feito (*poietoîo*). (*Ilíada*, XVIII, 607-608)

12. Logo que forjou (*teûxe*) o escudo grande e compacto,
forjou-lhe (*teûx'*) pois a couraça mais brilhante que os raios do fogo,
forjou-lhe (*teûxe*) o elmo, sólido, firme nas têmporas,
belo, cinzelado e tendo no alto áurea cimeira,
e forjou-lhe (*teûxe*) as grevas de brilhante estanho. (*Ilíada*, XVIII, 609-613)

Observe-se que *poieîn* serve tanto para dizer que Hefesto *fabricou* o escudo quanto que o *decorou.* Com efeito, para expressar a ação de gravar figuras nele, concorrem quatro verbos: *teúkhein* (forjar), *tithênai* (pôr), *poikíllein* (cinzelar), *poiéein* (fazer). Entretanto, parece que o sentido mais genérico seria o de *poieîn* (que se usa no início da descrição), o qual pode englobar ou participa dos sentidos de *teúkhein*, *poikíllein* e *tithênai.*

Este último (*tithênai*), especialmente reiterado em quatro pontos, ressalta uma certa *disposição* com que Hefesto impõe as imagens no escudo, a qual deve estar presente também em *poieîn*, usado como sinônimo em idêntico contexto: Hefesto impõe/faz certas imagens *no* escudo (conforme o uso reiterado de *en dè... e nele...*). A relação dos dois verbos reitera-se no fechamento da cena, quando se declara que Hefesto "aí então pôs (*etíthei*) a grande força do rio Oceano, / na orla extrema do escudo bem feito (*poietoîo*)".

Por outro lado, *poieîn* participa também da esfera de *teúkhein*, usado tanto no início da descrição, para dizer que Hefesto *fez* o escudo, isto é, fabricou-o, quanto no início da descrição de sua decoração, para dizer que Hefesto incrustou nele a Terra, o Céu, o Mar. Não se pode deixar de observar ainda que a descrição do escudo se abre e se fecha com praticamente o mesmo verso, em que alternam *poieîn* e *teúkhein*:

assim, em 478, encontramos a expressão "e faz (*poíei*) antes de tudo um escudo grande e firme..."; correspondentemente, em 609, lemos que "assim, depois que forjou (*teûxe*) um escudo grande e firme..." Edwards (2011, p. 210) considera que, no verso 609, "*teûxe* substitui *poíei* por razões métricas", o que só corrobora a possibilidade de os dois termos revezarem-se, sem prejuízo de sentido. O mesmo se poderia dizer dos demais, que se alternam não apenas tendo em vista a métrica, pois o poeta teria outras opções. As ligações entre os quatro termos poderiam talvez ser expressas tendo-se em conta que se trata sempre de um construir e de um impor *poiéticos*, admitindo-se, portanto, também um fazer *poiético*.

A pertinência desses usos poéticos confirma-se em vasos datáveis desde o século VI a. C., nos quais o artesão ou artista insere inscrições deste teor: "os filhos de Anaximandro a Mandrômaco ofereceram e fez (*epoíese*) Terpsicles" (*Sylloge Inscriptionum Graecarum*, v. 1, 3B, p. 3, séc. VI a. C.); "fez-me (*epoíese*) Esopo e irmãos" (*Sylloge Inscriptionum Graecarum*, v. 1, 2B, p. 3, séc. VI a.C.). Como demonstrou Sarian (1993, p. 106 e 109), estudando exemplos desse tipo, *poieîn*, posto que se trata de vasos decorados, indica tanto fabricar, quanto pintar: "o verbo 'fazer', *poieîn*, era o mesmo usado pelo artista que assinava esculturas, gemas e mosaicos, de modo que nos vasos ele poderia referir-se ao pintor e não ao oleiro". Em alguns exemplares, entretanto, como na cratera François, "os autores assinaram seus nomes, o oleiro Ergotimo e o pintor Clítias: *ergotimos m'epoiesen, kleitias m' egraphsen*" (Ergotimo me fez, Clítias me pintou), o que implica distinguir cada uma das atividades. O termo *poieîn* pode ainda, todavia, expressar as duas operações, "como no caso de Exéquias que (...), em outros vasos, assina com ambas as expressões, revelando a sua habilidade nas duas funções de oleiro e pintor". Assim, o oleiro que é ao mesmo tempo pintor faz algo equivalente ao que faz Hefesto na *Ilíada* (*fabrica* e *decora*). Quando não interessa explicitar a distinção, é *poieîn* que se utiliza; quando se pretende discernir o fabrico do vaso de sua pintura, recorta-se uma esfera no campo semântico de *poieîn*, expressa como *gráphein*, havendo exemplares em que ocorre apenas *gráphein*, como "numa das primeiras assinaturas em vasos, do pintor Sófilo, em fragmento de um *dînos* de 570 a.C.: *Sóphilos égraphsen*".

Nesses casos, entretanto, o uso de *gráphein* diz respeito apenas à atividade do pintor, o que demonstra que não se trata de sinônimo de *poieîn*.

Compor um texto recebe indubitavelmente a denominação de *poieîn*, pela primeira vez, pelo menos na documentação que conhecemos, em Heródoto, que, referindo-se a Aríon, escreve:

> Aríon de Metimna, levado ao Ténaro no dorso de um golfinho, ele que era um citaredo não inferior a qualquer outro da sua época e foi o primeiro dos homens, de que temos conhecimento, a compor (*poiésanta*) ditirambos, a dar-lhes esse nome (*onomásanta*) e a fazê-los executar (*didáxanta*) em Corinto. (Heródoto, I, 23, tradução de José Ribeiro Ferreira, com alterações)

Deve-se observar que Aríon é um citaredo, o que implica que compõe letra e música, como exige o ditirambo. No seu caso, há três atividades bem delimitadas: ele foi o primeiro que compôs (*poiésanta*) o ditirambo, o nomeou (*onomásanta*) e o ensinou (*didáxanta*, ou seja, ensaiou um coro) em Corinto. Isso implica que, como se *fazem* objetos e pinturas, também se fazem poemas, neste caso ditirambos, o que se diz por meio do mesmo verbo.

Ora, se com relação a Aríon pode-se aventar a hipótese de composição exclusivamente oral, com relação a Aristeas da Proconésia parece que Heródoto, com o verbo *poieîn*, tem em vista indicar que ele de fato escreveu (o que equivaleria a *gráphein*) um poema épico. Assim, o relato se abre esclarecendo que

> diz Aristeas, o cidadão da Proconésia, filho de Caustróbio, compondo poemas (*poiéon épea*), que fora ao país dos issédons, inspirado por Apolo, e que, além do país dos issédons, habitavam os arimaspos, homens de um olho só... (Heródoto, IV, 13)

Sem dúvida, nesse caso, *poiéon épea* refere-se a uma atividade poética similar à de Aríon, uma vez que o particípio é determinado por *épea* (versos, poemas, em especial épicos). Parece claro que essas coisas contadas por Aristeas o foram em seus *épea*. Mais adiante, Heródoto continua, afirmando já ter dito de onde era Aristeas, "o que fez (*poiésas*) estas coisas" (Heródoto, IV, 14). O particípio, então, pode referir-se tanto às viagens feitas por Aristeas, quanto aos poemas. No último exemplo, contudo, não resta dúvida de que se trata de um poema escrito:

> Dizem pois que Aristeas, que não pertencia a uma das menos ilustres famílias dos cidadãos, entrando na oficina de um cardador, aí morreu. O cardador, fechando a oficina, foi avisar aos parentes do morto, espalhando-se de imediato, por toda a cidade, a notícia de que Aristeas estaria morto. Mas, para confusão dos que a transmitiam, chegou um homem de Cizico, vindo da cidade de Artace, que dizia ter encontrado Aristeas a caminho de Cizico e ter com ele trocado palavras. E enquanto assim falava, os parentes do morto dirigiam-se à oficina do cardador, tendo o necessário para transportar o cadáver. Aberto o estabelecimento, Aristeas não apareceu nem morto, nem vivo. Depois de sete anos, aparecendo ele em Proconésia, fez (*poiêsai*) este poema (*tà épea taûta*) agora chamado, pelos gregos, *Arimaspeia* – e, tendo-o feito (*poiésanta*), sumiu pela segunda vez. (Heródoto, IV, 14)

Note-se como Aristeas surgiu em Proconésia, compôs o poema que os gregos conhecem sob o título de *Arimaspeia* e, tendo-o composto, desapareceu uma segunda vez, para sempre. Ora, se os gregos agora conhecem a *Arimaspeia* de Aristeas, é porque este a escreveu antes de desaparecer em definitivo. A expressão *poiêsai tà épea taûta* visa a referir, explicitamente, a redação de um poema por escrito.[3]

Mais significativa ainda é a atribuição que faz Heródoto dos termos *poieîn* e, sobretudo, *poietés* (poeta) a Hesíodo e Homero, o que atesta, em sua época, uma suficiente especialização dos mesmos na esfera poética. Diz ele, referindo-se aos dois antigos poetas: "E estes são os que fizeram (*poiésantes*) uma teogonia para os gregos... E os que se dizem terem sido poetas (*poietaí*) antes destes homens, posteriormente, parece-me, viveram" (Heródoto, II, 53).

Em Platão, *poieîn* é o termo corrente tanto para indicar a atividade poética em sentido geral (fazer uma comédia e uma tragédia, *Banquete*,

---

3. A *Arimaspeia*, embora não tenha sido conservada, era bastante conhecida na Antiguidade: o Pseudo-Longino, em *Do sublime* X, 4, preserva-lhe um fragmento, que descreve uma tempestade, comparando-o com trecho de Homero destinado a produzir terror no leitor, para ressaltar a imperícia de Aristeas.

223 d; fazer uma palinódia, *Fedro*, 243 b) quanto para referir-se à composição das personagens (Homero fez Aquiles melhor que Ulisses, *Hípias Menor*, 369 c). Esses usos tornam compreensível que o derivado *poíesis* também se entenda cada vez mais em sentido especializado.[4]

Com efeito, em Heródoto *poíesis* significa, em sentido geral, a feitura de algo (por exemplo, a feitura da mirra, Heródoto, III, 22). Mas ele também parece referir-se especificamente à poesia com a expressão "os que, dentre os gregos, praticaram poesia".[5] Seja como for, o termo *poíesis*, que em Heródoto se distingue claramente de *poíema*, faz parte do grande número de substantivos em *-sis* que, com o tempo, só tende a crescer: conforme Holt, contra 55 exemplos em Homero, 11 em Hesíodo e nos Hinos Homéricos, 41 nos líricos e pré-socráticos, registram-se 1.097 ocorrências nos autores que vão de Ésquilo a Aristóteles – sendo 630 delas só no *corpus* hipocrático (*apud* Lledó Iñigo, 1961, p. 37).

4. O sufixo *-sis* forma substantivos abstratos que indicam o processo expresso pelo verbo de que derivam; assim, uma tradução literal de *poíesis* seria *feitura*, o que, com o tempo, especializa-se como *poesia*.
5. *tôn Hellénon hoi en poiési genómenoi*, Heródoto, II, 82, a propósito de certos poetas que teriam usado práticas divinatórias criadas pelos egípcios.

2

CANTA MUSA

Verdenius, em artigo dedicado aos princípios da crítica literária grega, aponta algumas ideias mestras que a conformam, expressas nos textos tanto dos poetas arcaicos quanto dos filósofos até Platão, a saber: forma, destreza, autoridade, inspiração, contemplação (Verdenius, 1983, p. 14-59). Decerto outros aspectos poderiam ser apontados – como a perspectiva de que o poema é um patrimônio, no sentido de monumento que se ergue, a qual encontramos em Píndaro: assim, na XI Olímpica, ele põe seus versos melodiosos em pé de igualdade com a "coroa de dourada oliveira" recebida como prêmio por Agesidamo (v. 13-14); na VII Olímpica, afirma que o poema é como uma "peça de ouro maciço" que um homem opulento oferece ao jovem noivo (v. 5-6); na VI, diz que o poema é érgon que, "como admirável palácio", se constrói (v. 1-5); na VI Pítica, declara-se ainda que, para os vitoriosos, se constrói um "tesouro de hinos", contra o qual nada podem as intempéries (v. 7-14). Nesse sentido, recorde-se a informação do escoliasta de que a VII Olímpica teria sido gravada, em letras de ouro, no templo de Atena em Lindo, atingindo, portanto, o estatuto mais pleno de monumento.

Entretanto, o importante é realçar que todos esses pontos de vista constituem a expressão, nos próprios textos, de poéticas que lhes são implícitas, ou seja, por meio desses enunciados metalinguísticos o que o poeta faz é refletir sobre seu fazer (seu *poieîn*, sua poética) explicitando o que tacitamente se pressupõe. Isso significa que, na Grécia, sempre se apresentou como problemático o estatuto do poeta, do poema e do poético, o que leva à necessidade recorrente de representar o lugar do primeiro, explicitar os processos de composição do segundo e indicar as finalidades dos diferentes gêneros de poesia.

Recorde-se, apenas para se ter uma perspectiva em contraponto, a impessoalidade, a naturalidade, a confiança com que o narrador do *Gênesis* conduz seu relato: ele não sente necessidade alguma de apresentar-se (ou representar-se) para seu leitor, não tem de justificar o modo e nem a finalidade do que narra, pois existe uma suposição de base, que é tanto sua quanto, sobretudo, de seu destinatário: a de que tudo o que ele diz é nada menos que a palavra de Deus. Num certo sentido, dispensam-se, portanto, os pressupostos poéticos, ou, mais exatamente, eles são deixados na sombra, uma vez que parecem supérfluos para a simples comunicação da verdade – o que não é válido, saliente-se, para todos os livros da Bíblia: nos proféticos, por exemplo, o lugar e a autoridade do emissor devem ser ampla e constantemente justificados e no *Cântico dos cânticos* encontramos essa elaborada narrativa dramática, baseada nos discursos trocados entre amante e amada. De qualquer forma, uma vez incluídos no conjunto dos "vinte e dois livros que contêm o registro da totalidade do tempo, nos quais, com justiça, se acredita" – segundo as palavras de Flávio Josefo (*Contra Ápio*, 8, 38) –, todos esses livros se puseram sob a égide de uma autoridade sagrada e foram, em geral, recebidos segundo seus pressupostos.

Tendo em vista a especificidade da poesia grega desde suas origens, examinarei algumas ideias registradas tanto nos poemas homéricos quanto em Hesíodo, relativas a certos conceitos que serão de fundamental importância para as teorias que se desenvolverão a partir de Platão, a saber: o estatuto do poeta, do poema e de seu público. Não quero com isso dizer que não haja outras literaturas antigas em que esses processos metalinguísticos ou metaliterários de representação do poeta, do poema e de seu público não sejam também importantes, pois numerosos exemplos poderiam ser encontrados na literatura sânscrita. Entretanto, é preciso ressaltar que não se trata de um princípio de validade universal, que se aplique a qualquer situação, mas de um traço diferenciador de certas literaturas, dentre as quais a grega, cuja importância se manifesta justamente no desenvolvimento de certas teorias.

Proêmios

É suficientemente famosa a abertura da *Ilíada*, cujas qualidades "tipicamente homéricas" Kirk (1987, p. 52) assim resume: a poderosa concisão; a cumulação expressiva que transborda nos versos 2 e 4; o clímax obtido no verso 7; e a transição retórica para a narrativa principal no v. 8. Entretanto, o que mais ressalta nesse proêmio é a proposição de um autêntico programa narrativo:

> Μῆνιν ἄειδε θεὰ Πηληϊάδεω Ἀχιλῆος,
> οὐλομένην, ἣ μυρί Ἀχαιοῖς ἄλγε' ἔθηκε,
> πολλὰς δ' ἰφθίμους ψυχὰς Ἄϊδι προΐαψεν
> ἡρώων, αὐτοὺς δὲ ἑλώρια τεῦχε κύνεσσιν,
> οἰωνοῖσί τε πᾶσι, Διὸς δ' ἐτελείετο βουλή,
> ἐξ οὗ δὴ τὰ πρῶτα διαστήτην ἐρίσαντε
> Ἀτρεΐδης τε ἄναξ ἀνδρῶν καὶ δῖος Ἀχιλλεύς.

> A ira canta, deusa, do Pelida Aquiles,
> ira funesta que inúmeras dores para os aqueus trouxe
> e muitas vidas valorosas no Hades precipitou –
> vidas de heróis – e deles pasto fez para os cães
> e os pássaros todos, de Zeus cumprindo o desígnio,
> desde quando, primeiro, separaram-se, em conflito,
> o Atrida rei dos guerreiros e o divino Aquiles. (*Ilíada*, I, 1-7)

O primeiro fato digno de nota é que se trata de um prólogo em segunda pessoa – e não em terceira, como acontece com outras narrativas arcaicas de outras culturas. O narrador do *Gênesis*, para voltar a referir-me a um exemplo conhecido, começa de chofre sua narrativa: "No princípio criou Deus o céu e a terra. A terra era informe e vazia e as trevas cobriam a face do abismo. E o espírito de Deus pairava sobre as águas" (*Gênesis*, I, 1). Nessa postura, o grau de impessoalidade é extremo, no sentido de que toda a elocução se entrega à *não-pessoa*, pois, como a definiu Benveniste (1966, p. 228), "a terceira pessoa não é uma 'pessoa'; é mesmo a forma verbal que tem como função exprimir a não-pessoa". Dizendo em outros termos, o narrador do *Gênesis* intencionalmente não representa as circunstâncias da enunciação: quem fala e para quem fala. Uma opção assim tem evidentes vantagens, sobretudo para um discurso antes de tudo religioso: ao obscurecerem-se os demais pontos do processo de comunicação, joga-se toda a luz apenas no que se fala, o que dá à narrativa uma espécie de sentido não circunstancial, logo, impessoal e, ainda mais, atemporal, absoluto, verdadeiro em sumo grau. Como conviria, aliás, a uma fala que, em certas tradições rabínicas, se entende que antecede a própria criação, conforme se lê no *Gênesis Rabba* 1, 4, opinião retomada por comentadores medievais como Rashi, a propósito das primeiras palavras do texto bíblico: "este texto exige que seja interpretado do modo como fizeram nossos mestres: o mundo foi criado em função da Torá, que é chamada 'o começo de seu caminho' (...)". Em resumo: a Torá é a própria fala divina de que o mundo é o objeto – e, pelo menos no *Gênesis*, não pressupõe um recebedor determinado, tanto que isso aparecerá, para os comentadores, como um problema, conforme ainda o mesmo Rashi: "disse Rabi Yitzkhak: não devia ter começado a Torá senão com o versículo: 'este é *para vós* o primeiro de todos os meses', que é o primeiro preceito que recebeu o povo de Israel". Grifei a expressão *para vós* a fim de destacar como o que Rabi Yitzkhak faz, ao propor a fórmula com que o texto deveria ter sido aberto por seu autor – que sintomaticamente não se nomeia por um nome próprio nem comum, mas se reduz só a uma terceira pessoa verbal, *devia* – o que ele faz é prover à Torá o enquadramento que parece faltar, por meio de um versículo tomado do Êxodo, 12, 10, que consagraria o povo de Israel como seu recebedor e, consequentemente, desde que se introduz uma segunda pessoa, o Deus também de Israel como seu autor.

Não é a mesma, evidentemente, a opção do narrador da *Ilíada*, como, em geral, mostrou Frontisi-Ducroux em *La Cithare d'Achille* (1986), embora me pareça que a autora relute em tirar dos dados todas as consequências que levam a relativizar o papel que normalmente se tem atribuído à Musa, na esteira de uma teoria da inspiração que, aparentemente antropológica, no fundo é platônica. Com efeito, na chamada "invocação à Musa" temos um esboço da situação de enunciação de todo o poema: uma primeira pessoa, não nomeada, que se dirige a uma segunda pessoa, bem definida pelo vocativo, a deusa, para *ordenar-lhe* que cante *a cólera de Aquiles* (cf. Kirk, 1987, p. 52).

Acredito que é sim a ordem que marca bem o papel do poeta em sua relação com a Musa – e não a súplica de um "simples orante, que pede e atribui à divindade o ato produtor do canto", em "atitude de humildade" que supõe uma "concepção religiosa da poesia" (Frontisi-Ducroux, 1986, p. 17). A questão relativa à atitude do poeta já interessara aos antigos: como anota Aristóteles, Protágoras pensava que Homero errou "porque, julgando suplicar (*eúkhesthai*), ordena (*epitáttei*) ao dizer 'a cólera canta deusa', pois – diz ele – mandar (*keleûsai*) fazer ou não fazer algo é uma ordem (*epítaxis*)" (Aristóteles, *Poética*, 2456 b15). Que se trata de uma ordem é também a opinião do escoliasta, quando explica que é "em conformidade com sua liberdade poética (*ádeian*) e hábito (*synétheian*)" que o poeta "toma o imperativo (*tà prostaktiká*), em vez da súplica (*euktikôn*): pois também Hesíodo fala 'diz agora', e Píndaro, 'profetiza Musa', e Antímaco de Colofão, 'dizei filhas do Cronida, o grande Zeus'" – acrescentando, ainda, que isso só é possível porque "na verdade, não ordenam eles às Musas, mas a si mesmos" (Erbse, *Scholia graeca in Homeri Iliadem*, A 1 d). Ora, esse tipo de questão hermenêutica só se levanta porque, linguisticamente, a situação que se representa é efetivamente a de uma ordem – não só pelo uso do imperativo, mas pela ausência de outros elementos que deveriam cercar a súplica, de que, por exemplo, a fala que Crises dirige aos aqueus, alguns versos após o proêmio, se encontra repleta (por exemplo, o uso do optativo e a presença de epítetos elogiosos aplicados aos destinatários). Observe-se que comentários como os citados só têm razão de ser em vista do fato de que parece estranho que um mortal possa dirigir-se a uma deusa para ordenar-lhe que faça ou deixe de fazer algo – tanto que Protágoras não tem pejo de admitir que Homero "errou". Cumpriria então observar que também nós continuamos a experimentar essa estranheza, o que, entretanto, nos deveria levar à hipótese de que possamos estar diante de uma representação mais complexa, ou seja, a representação de uma situação que, mantendo as relações necessárias com o campo do que se considera hoje religioso (como com os demais elementos da cultura), não visa a transmitir ensinamentos religiosos, mas é propriamente poética.

A *não-pessoa* é o objeto do canto, isto é, seu programa narrativo: a ira do Pelida Aquiles. Com relação ao mesmo, de novo se constata que se representa algo mais que um simples processo de inspiração, da forma como é normalmente concebido. De um lado, porque é o poeta que decide o objeto do canto (a ira), qualificando-o (ira funesta que inúmeras dores para os aqueus trouxe...), apontando sua motivação (o desígnio de Zeus) e, em especial, estabelecendo o ponto a partir do qual deve desdobrar-se (*desde quando*, primeiro, separaram-se em conflito o Atrida, rei dos guerreiros, e o divino Aquiles). O mais importante, todavia, é que o uso da segunda pessoa tem como consequência tornar uma *enunciação em primeira pessoa* esses sete versos iniciais. O fato de o poeta não se nomear não pode ser argumento suficiente para ofuscar seu papel (um *eu* já diz tudo do ponto de vista da enunciação, não exigindo a atribuição de um nome, o que só se faz indispensável no campo da terceira pessoa, que, justamente por ser uma não-pessoa, deve ser preenchida por um nome próprio ou comum). Esses versos, com efeito, não se apresentam como um discurso de ninguém. Pelo contrário, explicitam, intencionalmente, um lugar para o sujeito da enunciação, ou, em termos concretos, um lugar para o aedo – ou poeta – que, diante de um público, se apresenta.

O oitavo verso confirma a mesma preocupação em representar a situação de enunciação, na transição para o conteúdo propriamente narrativo:

> Τίς γάρ σφωε θεῶν ἔριδι ξυνέηκε μάχεσθαι;
> Quem pois a eles, dos deuses, pôs a guerrear em conflito? (*Ilíada*, I, 8)

Ressalte-se a forma interrogativa. Simples pergunta retórica? Pode ser, mas, uma vez que se trata de uma pergunta, leva a que se suponha de quem para quem. Da deusa? Não teria sentido. Só se poderia admitir que se trata de uma pergunta do poeta, que fala de novo, portanto, como ele próprio, em elocução direta. A quem se dirige? Pois é natural que uma pergunta direta exija quem interroga (a primeira pessoa) e a quem se interroga (a segunda pessoa). Penso que há duas hipóteses: a primeira, admitir que o poeta se dirige de novo à deusa; a segunda, que se dirige a seu público, o que não seria difícil de se imaginar, supondo-se uma elocução do poema como as existentes na *Odisseia*, com o aedo cercado por seus ouvintes.[1] Aliás, admitir que o destinatário da pergunta fosse a deusa levaria a admitir-se também que ela fosse a destinatária do canto. Nesse sentido é que considero mais razoável entender simplesmente que o aedo, ao perguntar, dirige-se preferencialmente a seu ouvinte, efeito que se mantém ainda quando no lugar da segunda pessoa esteja um leitor, ou seja, esse recurso só faz confirmar o caráter *dramático* que tem o prólogo. Fontisi-Ducroux (1986, p. 20-22 e 27-28, respectivamente) demonstrou belamente como a irrupção da segunda pessoa no nível da enunciação do poema tem sempre como efeito a inclusão do público no jogo que gera o canto, compreendendo não só as chamadas "perguntas retóricas" ou o uso da segunda pessoa do optativo, mas também as intrigantes passagens em que o narrador se dirige, em segunda pessoa, a uma de suas personagens.[2] Interessa, no momento, apenas sublinhar que a irrupção da segunda pessoa, em qualquer nível, tem como efeito dar ao texto um caráter dramático (posto que o drama se define como a enunciação que se dá explicitamente entre primeira e segunda pessoa) – e que esse efeito dramático não se restringe aos discursos diretos das personagens, mas contamina a dicção do próprio poeta.

Com efeito, desde a abertura da *Ilíada*, a pessoa do enunciador do canto se define por manter relações com duas segundas pessoas: a primeira, a deusa, a que ordena que cante; a segunda, os ouvintes para os quais canta. Assim delimitados os papéis, a resposta à pergunta acima citada ("Quem pois a eles, dos deuses, pôs a guerrear em conflito?") introduz-se sem outros rodeios: "De Leto e de Zeus o filho" (*Ilíada*, I, 9). Caberia indagar: quem responde? A deusa ou o ouvinte? A questão provavelmente é improcedente, uma vez que, do mesmo modo que o aedo canta pela deusa, pode responder pelo ouvinte – e, sobretudo, a

---

1. Sobre a situação de enunciação da poesia homérica, ver Nagy (2000).
2. Como em *Ilíada* (XVI, 692), no contexto da *aristeia* de Pátroclo: "Então qual foi o primeiro, qual o último que abateste, / Pátroclo, quando a ti os deuses chamaram para a morte?" (cf. Fontisi-Ducroux, 1986, p. 21-27); ao que se poderia acrescentar a fórmula bem conhecida dos leitores da *Odisseia* (XVI, 60), dentre inúmeras outras ocorrências: "E tu, porqueiro Eumeu, a ele respondendo, disseste".

representação da situação de enunciação do canto já está completa, constituindo esse verso uma sorte de encaixe e de passagem do proêmio, em essência *dramático*, para a narrativa propriamente dita.

Examinemos igualmente a abertura da *Odisseia*:

Ἄνδρα μοι ἔννεπε, Μοῦσα, πολύτροπον, ὃς μάλα πολλὰ
πλάγχθη, ἐπεὶ Τροίης ἱερὸν πτολίεθρον ἔπερσε·
πολλῶν δ' ἀνθρώπων ἴδεν ἄστεα καὶ νόον ἔγνω,
πολλὰ δ' ὅ γ' ἐν πόντῳ πάθεν ἄλγεα ὃν κατὰ θυμόν,
ἀρνύμενος ἥν τε ψυχὴν καὶ νόστον ἑταίρων.
ἀλλ' οὐδ' ὧς ἑτάρους ἐρρύσατο, ἱέμενός περ·
αὐτῶν γὰρ σφετέρῃσιν ἀτασθαλίῃσιν ὄλοντο,
νήπιοι, οἳ κατὰ βοῦς Ὑπερίονος Ἠελίοιο
ἤσθιον· αὐτὰρ ὁ τοῖσιν ἀφείλετο νόστιμον ἦμαρ.

O guerreiro diz-me, Musa, ardiloso, que muitíssimo
vagou, desde que, de Troia, a sagrada cidadela pilhou,
e de muitos homens viu as cidades e o espírito conheceu –
e muitas dores ele, no mar, sofreu em seu ânimo,
lutando por sua vida e pelo retorno dos companheiros –
mas nem assim os companheiros salvou como queria,
pois eles, pela própria insensatez, pereceram,
tolos, que os bois do filho de Hipérion, o Sol,
comeram: logo este lhes tirou o dia do retorno. (*Odisseia*, I, 1-9)

A semelhança com a abertura da *Ilíada* é notável, embora aqui pareça haver uma diferença de tom ou um enfoque diverso, como se, de um texto para o outro, independentemente de qualquer ordem de precedência, se processasse um deslocamento: no primeiro hemistíquio, por exemplo, no lugar das três simples palavras da *Ilíada*,

Μῆνιν ἄειδε θεὰ...
A cólera canta, deusa...

encontramos agora quatro:

Ἄνδρα μοι ἔννεπε, Μοῦσα...
O herói diz-me, Musa...

Note-se como os termos se correspondem: o imperativo (*áeide/énnepe*), que introduz a pessoa que fala; o vocativo, que designa a segunda pessoa (*theá/Moûsa*); e, finalmente, o que se ordena que a deusa cante ou diga: a ira/o herói (*mênin/ándra*, cf. Schüler, 1985). Assim, em termos de enquadramento da enunciação, aplica-se à *Odisseia* tudo o que foi dito com relação à *Ilíada*. No que se refere ao objeto da enunciação, também as semelhanças são notáveis: a ira é determinada pelo adjetivo *funesta* e logo explanada pelo acréscimo de uma oração adjetiva (*ouloménen hè*...); o herói recebe, ainda no primeiro verso, a determinação de *polýtropon* e, em seguida, outras, por meio de oração adjetiva (*polýtropon hòs*...).

A correspondência, contudo, não é repetitiva – há algo que se moveu: no primeiro hemistíquio encontramos a explicitação oblíqua de quem se dirige à Musa, um precioso exemplo de primeira pessoa que, gramaticalmente, sai da sombra e vem à luz. O aedo, do mesmo modo que em vez de dirigir-se genericamente à deusa, a segunda pessoa de sua elocução, se dirige à Musa, também explicita a primeira pessoa por meio de um *moi* (a mim ou para mim). No segundo hemistíquio, curiosamente, preferiu não nomear seu herói, Ulisses – contra a nomeação de Aquiles Pelida que preenche todo esse espaço no primeiro verso da *Ilíada*. É verdade que, naquele, o nome do herói ocorria em genitivo, como determinante da cólera, enquanto aqui o termo *ándra* não admitiria uma determinação com o nome de Ulisses.[3] Seja como for, o que se constata é que, no prólogo da *Odisseia*, se delineiam com mais precisão as figuras do aedo e da Musa, esmaecendo-se o objeto do canto. Isoladamente, cada um dos poemas faz suas escolhas e tem seus efeitos; um em face do outro, essas escolhas e esses efeitos manifestam o que têm de peculiar, levando a que se percebam com mais clareza os mecanismos que situam a enunciação e os programas narrativos.

Outro ponto de contato entre os dois proêmios é o verso que, como encaixe e passagem, fecha a introdução da *Odisseia*, de caráter também dramático, dado que se dá entre uma primeira e uma segunda pessoa:

τῶν ἁμόθεν γε, θεά, θύγατερ Διός, εἰπὲ καὶ ἡμῖν.

---

3. O que aparece apenas no verso 21. Sobre o assunto, ver também Goldhill (1991, 1-5).

Disso, desde algum ponto, deusa, filha de Zeus, fala também a nós. (*Odisseia*, I, 10)

Este enunciado equivaleria estruturalmente à pergunta que encontramos na *Ilíada* – e, como naquele caso alguns comentadores entendem que se trata de pergunta retórica, também com relação a este verso se fala de "estratégia retórica" (De Jong, 2001, p. 5). O que importa, contudo, ressaltar é que se lá o aedo se endereçava à deusa ou a seu público (ou a ambos), aqui se trata de um discurso que também tem uma segunda pessoa, mas agora bem definida, a deusa, filha de Zeus, numa sorte de segunda invocação, sob a forma de uma ordem mais precisa, expressa pelo imperativo. Essa segunda invocação inclui ainda um dado que, na *Ilíada*, se encontrava nos dois versos anteriores ao de encaixe-passagem, como parte do programa narrativo (desde quando, primeiro, se separaram como rivais o Atrida... e Aquiles), isto é, versos em que se estabelece para a Musa (e para o público) o ponto de partida da narrativa; na *Odisseia*, deixa-se a escolha aberta à própria Musa: fala dessas coisas *a partir de qualquer ponto*.[4] Pois, ainda que alimentemos todas as dúvidas antigas e modernas sobre a primitiva forma da *Odisseia*, em grande parte devidas à incompreensão e ao hipercriticismo, não posso deixar de observar que, em vista da *Ilíada*, ela tem uma estrutura mais complexa: embora o núcleo seja o que se ordena à deusa que diga,[5] esse começar de qualquer ponto, na forma atual do poema, pode dizer respeito justamente aos múltiplos aspectos do programa narrativo: um ponto de partida seria a Telemaquia; outro, o *nóstos* de Ulisses, da Ilha de Calipso até Ítaca; outro ainda, o *nóstos* de Ulisses de Troia até a Ilha de Calipso, narrado pelo próprio Ulisses; finalmente, um outro, a reconquista da casa, após a chegada do herói em Ítaca. Ou seja: estaríamos diante de um programa narrativo complexo, que explicaria a sensação do leitor (antigo e moderno) de estar

4. Assim prefiro entender o termo *hamóthen*, cf. também o faz Stanford (1959, s.v.), visto que o sufixo *-then* lhe dá um valor de procedência, e não modal, que faria com que pudesse significar "de qualquer modo".
5. O *nóstos* de Ulisses e de seus companheiros, *desde que* ele pilhou a sagrada cidadela de Troia, isto é, *grosso modo*, o objeto do relato de Ulisses aos feácios, nos cantos IX-XII.

diante de vários poemas que, entretanto, formam um só por meio de uma engenhosa arquitetura única, como bem ressaltou Delebecque em *La Construction de l'Odyssée.*

Finalmente, a segunda invocação amplia o destinatário do canto, por meio do uso de *hemîn* (a nós ou para nós). Quem seria este *nós*: eu e tu (isto é: o aedo e a Musa) ou eu e ele(s) (o aedo e seu público)? Não passaria de um simples equivalente de *moi*, um plural majestático ou de modéstia? Entre as várias hipóteses, todas linguisticamente defensáveis, tenderia a admitir menos a última que as duas primeiras, pelo motivo de que estaríamos diante de equação equivalente à que encontramos no oitavo verso da *Ilíada*: há a deusa, a que o poeta se dirige; mas há, ainda, o ouvinte (ou leitor), a quem ele também, pragmaticamente, se dirige. Assim, creio que *hemîn* corresponda preferentemente a *eu e ele(s)*, da perspectiva do enunciado que tem a deusa como segunda pessoa, um *eu e ele(s)* que poderia ser entendido também como um *eu e vós* (meus ouvintes), do ponto de vista da enunciação.

Ora, cumpriria perguntar que sentido tem a propalada "objetividade" homérica, quando se define, com tanta precisão, o lugar do enunciador, da enunciação e do público, em trechos de total responsabilidade do primeiro. Não posso concordar que estejamos diante de um discurso impessoal, que é todo da Musa, a qual subordina o poeta e o conduz: como observa De Jong (1997, p. 308), "essas passagens mostram a mão do narrador, tornando claro que a ideia romântica da épica homérica como um gênero objetivo, no qual os eventos 'se narram por si mesmos', é de fato imprópria." Com efeito, parece que o poeta deseja justamente demarcar o que lhe cabe, explicitando seu lugar, o da Musa e o de seu público, bem como ditando à deusa seu programa narrativo. Não parece ser outra a função do proêmio senão *descobrir* a função do poeta. Apresentando como características do narrador da *Odisseia* o ser "externo", "onisciente", "onipresente", "não dramatizado" (pois "não ouvimos nada sobre sua personalidade") e "coberto" (posto que "não se refere à sua própria atividade como narrador e focalizador, e raramente expressa abertamente julgamentos"), De Jong (2001, p. 5) admite que ele se descobre sim no proêmio. Eu acrescentaria: não só por referir-se à sua atividade narrativa, mas por dramatizar suas relações com a

Musa. No que a deusa oferece, é ele quem procede às escolhas: o que cantar, de qual perspectiva, partindo de onde, por que motivos. Se falta a "assinatura", nem por isso temos de concluir que se perca a enunciação na impessoalidade (na verdade, a assinatura implica que um *eu* se trate como terceira pessoa, chamando-se por um nome, como acontece com Hesíodo na *Teogonia*). Muito menos isso deve levar a pensar que apenas se use, sem discernimento do sujeito da enunciação, um conjunto de "informações estocadas para reutilização", logo, impessoais, como quer Havelock (1996). No mínimo, a relação do poeta com a Musa é dialógica, ou, nos termos de De Jong (2001, p. 6), o que se representa é uma "dupla motivação" para o canto, uma vez que ambos, deusa e mortal, se encontram envolvidos no processo. Mais que de inspiração, no sentido de ser conduzido por algo que se encontra fora de si, estamos diante de um processo que prefiro classificar como de *co-operação*, em que nenhum dos sujeitos abre mão de seu papel.

Depois de toda a ênfase que se pôs na narrativa que se faz por si mesma e, em seguida, na Musa, como uma espécie de personificação dessa narrativa marcada por um grau máximo de impessoalidade, creio que cumpre redescobrir o lugar do poeta, o qual, mesmo que ainda não se chamasse por esse nome, manifesta desde já consciência de sua função – ou mais exatamente: manifesta-se enquanto a função que poderíamos definir como *operação poética*.

Homero

Busquemos entender mais claramente como se dá a cooperação do poeta com a Musa, retirando mais do que declaram os próprios poemas. Na chamada segunda invocação, que antecede o catálogo das naus, encontramos o seguinte:

> Ἔσπετε νῦν μοι Μοῦσαι Ὀλύμπια δώματ' ἔχουσαι·
> ὑμεῖς γὰρ θεαί ἐστε πάρεστέ τε ἴστέ τε πάντα,
> ἡμεῖς δὲ κλέος οἶον ἀκούομεν οὐδέ τι ἴδμεν·
> οἵ τινες ἡγεμόνες Δαναῶν καὶ κοίρανοι ἦσαν,

Dizei agora a mim, Musas que a olímpica morada tendes,
pois vós sois deusas, presentes estais e tudo sabeis –
enquanto nós a fama apenas ouvimos, nada sabemos –
quem os chefes dos dânaos e seus condutores eram. (*Ilíada*, II, 484-487)

De início, a invocação, como nos versos de abertura da *Odisseia*, marca a segunda pessoa (vós, as Musas que tendes a olímpica morada), tão bem quanto a primeira, em forma oblíqua (dizei-me agora). O surpreendente, contudo, em termos de avanço com relação ao até aqui analisado, são os dois versos que se intercalam entre o imperativo do poeta às Musas e o objeto que se ordena que elas agora digam – dois versos cujo objetivo é esclarecer a competência de cada um. O paralelismo é evidente: *hymeîs gár* (pois vós)/*hemeîs dé* (enquanto nós).

A quem se referem *vós* e *nós*? *Vós* são as Musas, que são deusas; *nós*, o aedo e quaisquer outros *eles* (como, por exemplo, outros aedos ou todos os homens, por oposição às deusas), ou o aedo e o público a que, num outro plano, o primeiro se dirige, isto é: um *nós* que corresponderia a *eu e ele(s)*, no nível do enunciado, mas a um *eu e tu/vós*, meu(s) ouvinte(s), no nível da enunciação. Não julgo que essas hipóteses sejam excludentes. Esse *nós* apenas não poderia ser, nesse ponto, *eu e vós, as Musas*, uma vez que se processou a uma distinção fundamental: *vós sois deusas*; logo, *nós* supõe *não-deuses*, mortais, humanos. Assim, poderíamos voltar ao décimo verso da *Odisseia* admitindo que também lá *hemîn* se refira ao mesmo que aqui, eliminando-se a possibilidade de incluir as Musas.

Que distinção se faz, além dessa, entre vós, as deusas, e *nós*? O paralelismo dos dois versos é notável e o jogo de oposições se dá, de modo exato, palavra por palavra. Visualizemo-lo graficamente, com a ajuda do esquema rítmico:

ὑμεῖς | γὰρ θεαί | ἐστε || πά|ρεστέ τε | ἴστέ τε | πάντα,
ἡμεῖς | δὲ κλέο|ς οἶον || ἀ | κούομε |ν οὐδέ τι | ἴδμεν.

Da mesma forma que *hymeîs* se opõe a *hemeîs*, o *páreste* (estais presentes) relativo às Musas opõe-se a nosso *ouvimos*, o que leva a que, enquanto elas sabem tudo por ter tudo visto, nós nada sabemos ou temos visto (conforme o sentido primitivo de *oîda*, saber, que é um resultativo de *ideîn*, ver). Ora, o que está em jogo é a diferença entre o que se vê e o que se ouve: as deusas presenciam e têm tudo visto; os homens, nós, temos nada visto, porque só ouvimos. Ouvimos o quê? Só um *kléos* (um rumor que, no verso referente a *nós*, ocupa o espaço que, no verso relacionado com as Musas, se preenche com a declaração de sua divindade). Isto é: nós ouvimos só o *kléos*, dependemos do *kléos*, somos só *kléos* porque temos nada visto. Os maiores dentre nós – os chefes e condutores dos dânaos, os heróis que são objeto do canto – nada são sem o *kléos*. Isso implica que ver (ou melhor: ter a coisa vista, que é uma espécie de ver que não se perde na pluralidade das visões efêmeras, logo, é *saber*) – ver é apanágio das deusas tanto quanto o não ver (ou não ter nenhuma coisa vista, logo, sabida) o é de *nós*: o poeta e seu público. No lugar dessa visão adquirida pela presença que dura (*páreste*), perene, nós experimentamos uma duração de ouvir (*akoúomen*) que foge com o presente ou dura só o que dura a presença.

Mas, afinal, de onde provém esse *kléos* que ouvimos? É o que se esclarece nos versos seguintes:

> πληθὺν δ' οὐκ ἂν ἐγὼ μυθήσομαι οὐδ' ὀνομήνω,
> οὐδ' εἴ μοι δέκα μὲν γλῶσσαι, δέκα δὲ στόματ' εἶεν,
> φωνὴ δ' ἄρρηκτος, χάλκεον δέ μοι ἦτορ ἐνείη,
> εἰ μὴ Ὀλυμπιάδες Μοῦσαι Διὸς αἰγιόχοιο
> θυγατέρες μνησαίαθ' ὅσοι ὑπὸ Ἴλιον ἦλθον,
>
> a multidão eu próprio não diria nem nomearia
> nem se dez línguas e dez bocas eu tivesse,
> voz infrangível e brônzeo peito em mim houvesse,
> se as Olimpíades Musas, de Zeus portador da égide
> filhas, não lembrassem quantos a Troia foram. (*Ilíada*, II, 488-492)

Agora o poeta não só usa a primeira pessoa do singular – aquela sobre a qual não pode pairar dúvida de a quem se refere e em que se fundamenta qualquer processo enunciativo (*mythésomai*, *onoméno*) – como a reitera com um enfático *egó*: eu próprio. De um lado, portanto, encontra-se este eu, de outro, agora, uma terceira pessoa (*mnesaíato*), que cobre a esfera anterior do *vós*, referindo-se às Musas Olimpíades. O poeta marca então sua posição por meio de duas negativas: não diria nem nomearia. Mais ainda: a multidão eu não diria nem nomearia, nem se dez línguas e dez bocas tivesse (novo reforço da negação – *oud'* – a par de reforço da primeira pessoa – *moi* – literalmente: nem se para mim houvesse dez línguas e dez bocas). A isso se ajunta ainda ênfase na primeira pessoa, na sequência que continua negativa: voz infrangível e brônzeo peito em mim houvesse. Esse é o estatuto limitado do poeta, ao qual faltam recursos ilimitados na esfera dos órgãos ligados à proferição do canto: a língua, a boca e o peito (o coração, o ânimo).

De outro lado estão as Musas, cuja cooperação com o poeta é indispensável. Que operação se espera delas? Que rememorem (*mnesaíato*) quantos sob as muralhas de Troia estiveram. É assim, pois, que se processa a cooperação: às Musas cabe rememorar, ao poeta cantar o que elas rememoram. Tanto é assim que o verso 484 ("dizei agora a mim, Musas, que a olímpica morada tendes") repete-se em outros pontos em que ele sente necessidade de uma extrema exatidão, a saber: no canto XI, antes de referir a lista dos guerreiros que se bateram contra Agamêmnon:

> Ἔσπετε νῦν μοι Μοῦσαι Ὀλύμπια δώματ' ἔχουσαι
> ὅς τις δὴ πρῶτος Ἀγαμέμνονος ἀντίον ἦλθεν
> ἢ αὐτῶν Τρώων ἠὲ κλειτῶν ἐπικούρων,
>
> Dizei agora a mim, Musas, que a olímpica morada tendes,
> quem pois primeiro contra Agamêmnon foi –
> dentre os próprios troianos ou ilustres aliados (*Ilíada*, XI, 218-220);

e no canto XIV, antes do catálogo dos guerreiros caídos após Posídon ter mudado o rumo da batalha:

> Ἔσπετε νῦν μοι Μοῦσαι Ὀλύμπια δώματ' ἔχουσαι
> ὅς τις δὴ πρῶτος βροτόεντ' ἀνδράγρι' Ἀχαιῶν
> ἤρατ', ἐπεί ῥ' ἔκλινε μάχην κλυτὸς ἐννοσίγαιος,
>
> Dizei agora a mim, Musas, que a olímpica morada tendes,
> quem pois primeiro, dos aqueus, despojos sangrentos
> ergueu, depois que, para eles, fez pender a luta o ilustre Sacudidor da Terra. (*Ilíada*, XIV, 508-510)

Essa capacidade de exatidão não se esgota, entretanto, numa mnemotécnica de catálogos, como se comprova na quarta ocorrência do citado verso, no início do canto XVI, imediatamente antes da volta de Pátroclo à batalha, em que o poeta pede às Musas que digam como se iniciou o incêndio dos navios dos aqueus (*Ilíada*, XVI, 112-113): o canto XV terminara mostrando como Ájax defende as naus do perigo do fogo que se esforçam em atear-lhes os troianos; o seguinte abre-se com o colóquio entre Aquiles e Pátroclo, quando, diante das lágrimas deste, o primeiro concorda que acuda os aqueus em iminente perigo. Os versos 101-102, como encaixe-passagem, retornam a cena para a batalha:

> Ὣς οἳ μὲν τοιαῦτα πρὸς ἀλλήλους ἀγόρευον,
> Αἴας δ' οὐκ ἔτ' ἔμιμνε· βιάζετο γὰρ βελέεσσι,
>
> Assim essas coisas eles falavam um com o outro,
> mas Ájax não mais se mantinha, pois era dominado pelos dardos. (*Ilíada*, XVI, 101-102)

É então que, antes de prosseguir, o poeta invoca de novo as Musas:

> Ἔσπετε νῦν μοι Μοῦσαι Ὀλύμπια δώματ' ἔχουσαι,
> ὅππως δὴ πρῶτον πῦρ ἔμπεσε νηυσὶν Ἀχαιῶν.
>
> Dizei agora a mim, Musas, que a olímpica morada tendes,
> como então, primeiro, o fogo caiu nas naus dos aqueus. (*Ilíada*, XVI, 112-113)

Os dez versos seguintes narram, com detalhe, como Heitor rompe a lança de Ájax, este recua e os troianos lançam o fogo nas naus. Tão importante e indispensável é este entrecho para o desdobramento da narrativa, que é logo que começa o incêndio que Aquiles ordena a Pátroclo que se arme, para impedir que os troianos tomem os navios, tornando impossível a fuga dos guerreiros. Começa assim a *aristeia* de Pátroclo, que culminará na sua morte, a qual, por sua vez, provocará o retorno de Aquiles à luta. Como observa Janko (1992, p. 331), embora as Musas, nos outros pontos citados, sejam invocadas para dizer quem primeiro fez algo, aqui o são para dizer *como* primeiramente algo se passou.

Na referência às Musas em terceira pessoa, no canto II, há ainda um dado extremamente importante sobre as relações entre o poeta e as deusas. Em primeiro lugar, ao dizer

> A multidão eu próprio não diria nem nomearia (...)
> se as olimpíades Musas, de Zeus portador da égide
> filhas, não lembrassem quantos a Troia foram,

declara ele algo, em primeira pessoa, dirigindo-se pragmaticamente a seus ouvintes, dado que não se trata mais de uma ordem às Musas, mas de uma sorte de avaliação de sua própria capacidade enquanto poeta. Quando, portanto, no verso 493 – que tem a função de encaixe-passagem – ele conclui o raciocínio anterior, afirmando que,

> ἀρχοὺς αὖ νηῶν ἐρέω νῆάς τε προπάσας,
> assim, os chefes das naus direi e as naus todas (*Ilíada*, II, 493),

explicita, para seu ouvinte, a opção de não referir-se à multidão (*plethýs*) que as Musas conhecem, optando por resumi-la apenas aos chefes e às naus, compreendendo-se nas naus o registro do número de seus tripulantes. Esse *eréo* (direi), em primeira pessoa, entendido como alternativa para a referência a quem era cada um dos que compunham a multidão, implica uma escolha do poeta – que, digamos, não segue a Musa automaticamente, mas *elege* na competência da deusa o que a ele compete ou cabe dizer.[6] Poderíamos entender, assim, todo o trecho anterior como uma sorte de explicação de por que não se referirá ele à multidão, mas apenas aos chefes e às naus.

Por outro lado, o mesmo trecho garante que as Musas sabem bem quem é a multidão, embora dizê-lo não seja da competência do poeta, que disso se desobriga: nem se dez línguas etc. De fato, o catálogo propriamente dito fecha-se com variante do verso 487 ("Estes pois os chefes dos dânaos e condutores eram", *Ilíada*, II, 760), o que garante

6. A partícula *au* daria margem a duas leituras: ou no sentido da sucessão: os chefes das naus, em seguida, direi...; ou no sentido de oposição: os chefes das naus, pelo contrário, direi... Acredito que o adequado seja o primeiro sentido, visto que ele não dirá quem é a multidão, mas apenas quantos a compunham – ou seja, o que pede à Musa que rememore. Ver, também, Kirk (1987, p. 168).

que é isso o que interessa. Em 761, volta-se a invocar a Musa, para agora fazer-se um pequeno catálogo dos melhores guerreiros e seus cavalos ("A quem pois deles em muito o melhor era, tu própria me diz, Musa, / deles e dos cavalos, os quais com os Atridas seguiam", *Ilíada*, II, 761-762). Como comenta Kirk (1987, p. 167), "com o auxílio das Musas ele pode conseguir arrolar os líderes, mas as tropas estão além de seu poder – não além do poder das Musas, presumivelmente, mas seu instrumento é muito frágil e o número total muito alto."

Acredito que é importante para o aedo, ao optar por dizer apenas quantos eram os guerreiros, garantir aos ouvintes que a memória de quem eram, consequentemente, não se perde, pois dela cuidam as filhas de Zeus. Essa certeza é que, num certo sentido, o desobriga de cantar tudo e lhe concede a liberdade de, como no prólogo da *Ilíada*, definir os limites ao *saber tudo* que é próprio das Musas, atribuindo-lhe uma dimensão humana, que, por sua vez, se efetiva no canto.

Nesse sentido, discordo de Frontisi-Ducroux (1986, p. 19, p. 42-43) quando, analisando a invocação de abertura do catálogo das naus, conclui:

> Ele [o poeta] não pode enunciar – μυθήσομαι – e nomear – ὀνομήνω – senão o que as Musas lhe mencionam – μνησαίαθ' –: os nomes dos chefes e dos guias. O resto, o que não se nomeia e, portanto, não se lembra, é a multidão – πληθὺν. O *kléos*, matéria do discurso que, em posição secundária, o poeta assume – um rumor confuso – torna-se, pela voz das Musas e *por escolha destas*, menção, comemoração e fama.

Ora, o inconveniente dessa interpretação está em, mesmo reconhecendo-se o papel do poeta, dissolver-se a operação que lhe cabe na operação da Musa, quando o que me parece mais extraordinário na passagem é justamente, na explicitação da cooperação entre ambos, o discernimento cristalino do que compete a cada um: a Musa sabe sim os nomes da multidão, mas eu direi apenas os dos chefes das naus e as naus todas. Com efeito, parece-me que, de fato, o que se representa aqui é o quanto o poeta pode descolar-se da Musa – e como cooperar com ela não implica assumir uma posição subalterna e de simples dependência com relação às escolhas da deusa. De outro modo, valeria perguntar: caso a escolha fosse das Musas, por que não dizer os nomes da multidão, uma vez que as restrições humanas do poeta (a língua, a boca, o peito) não se aplicariam a elas? Assim, parece claro que é ele quem procede à escolha: vós sabeis os nomes de todos, mas eu, por minhas limitações, direi apenas... O poeta é não só sujeito da enunciação, mas seu principal sujeito – ou sua primeira pessoa (e não uma pessoa subalterna) – enquanto sua medida e seu limite.

3

CANTORES

Definida como no capítulo anterior, a função do aedo soará, e com razão, idealizada. Se, no nível da representação de sua cooperação com a Musa, ele pode assumir o papel de medida e limite da enunciação, parece que só celebra o contrato com as deusas quando dominado pelas injunções que decorrem de seu público. Isso aparece bastante claramente nas representações do estatuto e do lugar do aedo e de seu público, que encontramos em detalhes na *Odisseia*, ao contrário do que acontece na *Ilíada*, sem dúvida porque, como declara Alcínoo, a lira "é companheira (*synéoros*) do banquete e da festa" (*Odisseia*, VIII, 99). É natural que a figura do aedo tenha despertado interesse especial dos comentadores, o que se deve não só à sua presença nos poemas, como ao fato de que o próprio Homero poderia pertencer a essa categoria de *demiurgos*, o que daria à representação, sobretudo de Demódoco, um caráter propriamente de *reflexão* (no sentido de que Homero se faz, de alguma forma, refletir nela). O interesse de considerar como se apresentam os aedos em Homero decorre justamente desse caráter, ou seja, pretendo abordar a representação enquanto representação reflexiva, que nos diz algo sobre o que se reflete, mas não coincide inteiramente com ele,[1] inclusive tendo a perspectiva de que não se trata, no caso de Homero, de uma pessoa física a que o canto de algum modo faz referência, mas a um produto do próprio canto, nos termos apontados por Nagy (2000, p. 103-104):

1. Para o estatuto do aedo em geral, ver Kirk (1985, p. 69-108).

> Se se considera Homero como o autor de um texto, do ponto de vista moderno, se poderia pensar que a recriação do Homero real pelo rapsodo em sua performance está fora do campo da mimese. [...] Diante do 'me' de 'Dizei-me, Musas' ou 'Dize-me, Musa', temos a maior dificuldade de situar o objeto mimético – ou, para dizer de modo mais moderno – o objeto *dramático*. Todavia, gostaria de levar a que se admita que esse 'me' é talvez o mais dramático de todas as personagens do canto heroico – desde que consideremos o canto no nível de sua execução, tanto quanto de sua composição. Esse 'me' é Homero quem fala.

São quatro os exemplos de aedos que encontramos nos poemas homéricos: na *Ilíada*, Tâmiris, o trácio; na *Odisseia*, Fêmio e Demódoco, além do anônimo a quem Agamêmnon confiou a guarda de Clitemnestra (III, 267). Para os nossos propósitos, o último exemplo fornece poucos dados, a não ser a demonstração de que os aedos estariam ligados aos palácios e fariam parte do grupo de servidores mais próximos de grandes senhores como Agamêmnon, talvez justamente porque atuassem no interior do *oîkos*, a ponto de, enquanto serviçais do rei, poderem velar pela rainha.[2]

Tâmiris

Tâmiris consta apenas do catálogo das naus, representando um exemplo de cantor que teria rompido a cooperação com as Musas. Ele é nomeado numa breve digressão do narrador, para esclarecer que a cidade de Dório é

> ἔνθά τε Μοῦσαι
> ἀντόμεναι Θάμυριν τὸν Θρήϊκα παῦσαν ἀοιδῆς
> Οἰχαλίηθεν ἰόντα παρ' Εὐρύτου Οἰχαλιῆος·
> στεῦτο γὰρ εὐχόμενος νικησέμεν εἴ περ ἂν αὐταὶ
> Μοῦσαι ἀείδοιεν κοῦραι Διὸς αἰγιόχοιο·

2. Sobre a relação entre aedos e reis, ver Miralles e Pòrtulas (1998, p. 15-29): o poeta é um *demioergós* e um *xeînos*, tendo funções próximas das do arauto e do adivinho, que igualmente desenvolvem uma competência discursiva.

αἳ δὲ χολωσάμεναι πηρὸν θέσαν, αὐτὰρ ἀοιδὴν
θεσπεσίην ἀφέλοντο καὶ ἐκλέλαθον κιθαριστύν,

onde as Musas,
encontrando Tâmiris, o trácio, lhe fizeram cessar o canto
(de Ecália ele vindo, da casa de Êurito Ecálio),
pois vangloriava-se, jurando vencer se, acaso, as próprias
Musas cantassem, filhas de Zeus que tem a égide;
elas, irritadas, cego puseram-no, ao mesmo tempo que do canto
divino o privaram e o fizeram esquecer como a cítara se toca. (*Ilíada*, II, 594-600)

Essa disputa com as Musas, razão da cegueira de Tâmiris, paralela à perda da arte do canto e da cítara, tornam-no uma espécie de inverso de Demódoco, pois

τὸν περὶ Μοῦσ' ἐφίλησε, δίδου δ' ἀγαθόν τε κακόν τε·
ὀφθαλμῶν μὲν ἄμερσε, δίδου δ' ἡδεῖαν ἀοιδήν,

a ele a Musa muito amou e deu tanto um bem, quanto um mal:
dos olhos privou-o, mas deu-lhe agradável canto. (*Odisseia*, VIII, 62-64)

É evidente que Demódoco pode ser o ponto de partida da imagem tradicional do aedo cego (que os antigos costumavam atribuir ao próprio Homero, percebendo, portanto, de algum modo, seu caráter reflexivo). Não creio, contudo, que o exemplo de Tâmiris possa ser tomado como argumento para provar uma dependência completa, da parte do poeta, da inspiração da Musa, pois o que está em causa é o desafio às deusas e sua vingança contra quem, em vez de cantar *com*, intentou cantar *contra* elas.

Aliás, Tâmiris consta da relação ilustre de poetas legendários – como Orfeu, Museu e Filâmon – todos de caráter heroico, tidos como responsáveis por invenções (*prôtoi heuretaí*) em geral benéficas para a humanidade, algumas na esfera dos próprios instrumentos musicais, de harmonias e de ritmos: assim, conforme Pausânias (IV, 1), Tâmiris teria sido o inventor da quarta corda da cítara primitiva, enquanto Plínio (*História natural*, VII, 56) lhe atribui a invenção da música puramente instrumental. A tradição considera-o filho de Filâmon, que, por sua vez, era filho de Apolo, bem como o *Onomástico* de Pólux e os escólios b à *Ilíada* atribuem-lhe uma característica insólita: o ter um olho glauco e o outro negro, dados que só acentuam seu caráter extraordinário e mítico, testemunhado ainda pelo fato de Sófocles ter-lhe dedicado uma peça de que apenas temos notícia do título (cf. Pòrtulas, 2000, p. 295-298).

Ora, a breve referência de Homero à disputa entre Tâmiris e as Musas tem recebido interpretações diversas, mas parece prevalecer a opinião de que, no episódio, o dado mais relevante parece ser a própria disputa:

> De fato, o nome do competitivo poeta Tâmiris parece incorporar o contexto social da competição poética. Na tradição lexicográfica alexandrina e em outros lugares, vemos que *thámyris* significa 'assembleia'; por outro lado, a palavra *agón* indica também 'assembleia'; a esfera semântica de 'lugar de disputa' mostra que o caráter de disputa era a função social básica desse tipo de assembleia. (Nagy, 1979, p. 311)

Assim, entende-se que "a principal peripécia de sua vida, narrada pelo próprio Homero," relacione Tâmiris, "de modo especial, com os *agônes* poéticos" (Pòrtulas, 2000, p. 297), levando a crer que o episódio possa representar sim, como já sugeriam Alfred e Maurice Croiset, a confrontação de duas poéticas opostas, não interessando, entretanto, como querem estes últimos, se Tâmiris representa tendências inovadoras no contexto da poesia mais arcaica ou se a cena homérica alude à "oposição contra a qual os inovadores tiveram de lutar mais de uma vez" (Croiset & Croiset, 1887, I, p. 72-77), o que, afinal, não poderá passar jamais de mera especulação. O extraordinário na cena homérica é que o *agón* se dê com as próprias Musas (e, caso se tratasse de um embate de estilos poéticos, de que lado estariam as deusas: do novo ou do antigo?). Seria lícito, a preservar-se essa linha de raciocínio, admitir-se um embate entre diferentes "musas": as de Homero e as de Tâmiris (considerando-se que algo paralelo pode passar-se com relação às musas homéricas e hesiódicas)?

São questões sem resposta, provavelmente porque as respostas devem ser buscadas em outra direção, pelo menos do ponto de vista de nossos presentes propósitos. Nesse sentido, cumpre observar, antes de tudo, que Homero não afirma que Tâmiris era um *aoidós* (como acontece nos casos de Demódoco, Fêmio e do anônimo que se encontra no palácio de Agamêmnon), embora ele decerto cantasse e tivesse mesmo um "canto divino" (*aoidé thespesíe*) que as Musas lhe arrebataram, fazendo-o esquecer, ainda, como se toca a cítara. Ora, sem dúvida nem todos que cantam, considerando-se o contexto dos poemas homéricos, necessariamente são aedos, de que o exemplo de Aquiles, em sua tenda, a entoar os *kléa andrôn*, é prova suficiente (para não falar das sereias), a que se poderiam acrescentar, numa esfera mais abrangente, os testemunhos de figuras como Orfeu e Anfião, ou, melhor ainda, Crisótemis o cretense e Filâmon, aos quais Tâmiris aparece associado por Pausânias, quando se refere à instituição do primeiro concurso de hinos em honra do deus estabelecido em Delfos (Pausânias, X, 7). Trata-se de músicos, musicistas e cantores, mas não de aedos enquanto essa categoria de *demioergoí* que se encontra nos palácios de Argos, Esquéria e Ítaca.

Por outro lado, é deveras extraordinário que a disputa de Tâmiris se dê com as próprias Musas – o que, no mínimo, desautoriza qualquer tendência a atribuir-se a Homero uma teoria da inspiração ingênua, que faça o cantor (aedo ou não) totalmente e sempre dependente da inspiração da deusa. Se Tâmiris pode desafiar a Musa, é porque não se submete tão absoluta e passivamente a ela (pelo menos ao lançar-lhe o desafio). Embora tenha sido castigado de modo terrível pelas deusas que lhe tiraram o canto, isso não implica, necessariamente, que fossem elas que a ele o outorgassem (até porque, recorde-se, trata-se de um neto de Apolo, deus também relacionado com a esfera musical).

São questões instigantes, mas, em certa medida, desnecessárias. Assim, convém insistir, para nossos propósitos basta concluir que a cena homérica parece indicar, simplesmente, a possibilidade de haver vários tipos de cantos que, em sua relação com as Musas, celebram diversas espécies de contrato. Ou seja: a diferença pode ir do *cantar com* (como sugerem os proêmios homéricos) ao *cantar contra* (de que se recorda a desgraça de Tâmiris), admitindo-se, no intervalo, um número não determinado de variações.

Demódoco

Nesse contexto aberto a várias possibilidades é que o caso de Demódoco se torna paradigmático. Interessa, portanto, examinar com cuidado seu desempenho, para dele tirar tudo que nos possa ensinar sobre o estatuto desse aedo que, sem dúvida, mais parece refletir a postura do próprio Homero.

De início, após tê-lo qualificado como *theîon aoidón* (divino aedo), Alcínoo afirma que

> τῷ γάρ ῥα θεὸς περὶ δῶκεν ἀοιδὴν
> τέρπειν, ὅππῃ θυμὸς ἐποτρύνῃσιν ἀείδειν,
>
> a ele, sem dúvida, um deus deu, com o canto,
> alegrar, como quer que o ânimo o incite a cantar. (*Odisseia*, VIII, 44-45)

Em seguida, é o próprio narrador que o denomina *theîon aoidón* (divino aedo) e *eríoron aoidón* (bravo aedo). Demódoco é honrado com um lugar no centro dos convivas, o que comprova o reconhecimento social de seu estatuto elevado, pelas relações que mantém com a Musa. Terminada a refeição,

> Μοῦσ' ἄρ' ἀοιδὸν ἀνῆκεν ἀειδέμεναι κλέα ἀνδρῶν,
> οἴμης, τῆς τότ' ἄρα κλέος οὐρανὸν εὐρὺν ἵκανε,
> νεῖκος Ὀδυσσῆος καὶ Πηλεΐδεω Ἀχιλῆος,
> ὥς ποτε δηρίσαντο θεῶν ἐν δαιτὶ θαλείῃ,
>
> a Musa pois ao aedo impeliu a cantar a fama dos guerreiros,
> do entrecho cuja fama então ao amplo céu chegava,
> a disputa de Ulisses e do Pelida Aquiles,
> quando se afrontaram no banquete festivo dos deuses...
> (*Odisseia*, VIII, 73-76)

Ora, o que aqui encontramos *narrados* são os movimentos *dramatizados* nos prólogos da *Ilíada* e da *Odisseia*: a Musa impele o aedo a cantar a fama dos heróis, a partir de um entrecho (*oíme*) cuja fama chega ao vasto céu, a saber, a disputa de Ulisses e Aquiles, *quando*... O que então ressalta é que não cabe no modelo dos prólogos o verso 74 – o registro da fama da própria *oíme* (termo que significa, exatamente:

um *percurso narrativo*): o poeta, em primeira pessoa, não faz referência a isso com relação à sua própria composição, embora como narrador possa fazê-lo a propósito de um entrecho famoso – seja entendido como um assunto muito cantado pelos aedos, seja como um poema mais ou menos no sentido de uma composição. Não seria absurdo reconstituir (ainda que com o natural grau de imperícia para quem não é Homero) o que poderia ser a abertura desse canto de Demódoco em sua forma dramática, tomando como referência os proêmios da *Ilíada* e da *Odisseia*:

> Νεῖκος ἄειδε, θεά, Πηλεΐδεω Ἀχιλῆος
> Λαέρτιάδεω τ' Ὀδυσσῆος, ὥς ποτε πρῶτον
> ἄμφω δηρίσαντο θεῶν ἐν δαιτὶ θαλείῃ,
>
> A disputa canta, deusa, do Pelida Aquiles
> e do Laertida Odisseu, quando então primeiro
> ambos se afrontaram no banquete festivo dos deuses...

O canto seguinte de Demódoco, acompanhado de dança (cuja autenticidade alguns comentadores põem em dúvida, sem que isso o torne indigno de consideração), embora introduzido em discurso indireto, permite perceber o que seria seu proêmio, no qual se referiria o objeto da composição, seguido de oração subordinada destinada a marcar a partir de onde se começa:

> αὐτὰρ ὁ φορμίζων ἀνεβάλλετο καλὸν ἀείδειν
> ἀμφ' Ἄρεος φιλότητος ἐϋστεφάνου τ' Ἀφροδίτης,
> ὡς τὰ πρῶτ' ἐμίγησαν ἐν Ἡφαίστοιο δόμοισι
> λάθρῃ...
>
> então o citaredo lançou-se belamente a cantar
> o amor de Ares e da coroada Afrodite,
> como primeiro se uniram na casa de Hefesto,
> às ocultas... (*Odisseia*, VIII, 266-269)

Aos poucos, o relato deixa de ligar-se ao *aeídein* da abertura para passar a ser representação direta do próprio canto de Demódoco, o que parece que se dá inteiramente a partir do verso 272, dado que nos anteriores seria preciso admitir a mudança de registro enunciativo cortando-se algum dos versos. Quando, mais à frente, se introduzem discursos diretos das personagens (a partir do verso 292), não resta dúvida de que se abriu um novo quadro narrativo,[3] em que se representa um narrador dentro da narrativa maior.

A terceira apresentação de Demódoco é provocada por Ulisses, que afirma reverenciar o cantor acima de todos os mortais, pois "ou a ti mesmo a Musa ensinou, filha de Zeus, ou a ti ensinou Apolo" (ἤ σέ γε Μοῦσ' ἐδίδαξε, Διὸς πάϊς, ἢ σέ γ' Ἀπόλλων, *Odisseia*, VIII, 488). O fato de que a Musa ensina (*edídaxe*) os aedos havia sido realçado alguns versos antes: estes são dignos de honra e respeito porque a eles a Musa ensina as *oímai*, os percursos ou entrechos de que tratam os cantos (*Odisseia*, VIII, 481). Sem dúvida, Demódoco é o principal modelo (senão o único autêntico) dessa relação estreita entre o aedo e a Musa, o que, entretanto, não eliminaria a possibilidade de que sua fonte de informação pudesse ser, também, meramente humana (cf. Bowie, 1993, p. 16), pois, completa Ulisses,

> ἤ σέ γε Μοῦσ' ἐδίδαξε, Διὸς πάϊς, ἢ σέ γ' Ἀπόλλων·
> λίην γὰρ κατὰ κόσμον Ἀχαιῶν οἶτον ἀείδεις,
> ὥς τέ που ἢ αὐτὸς παρεὼν ἢ ἄλλου ἀκούσας
>
> ou a ti mesmo a Musa ensinou, filha de Zeus, ou a ti ensinou Apolo,
> pois, tão conforme a ordem, dos aqueus o infortúnio cantas,
> como se tu próprio tivesses estado presente, ou de outro o tivesses ouvido.
> (*Odisseia*, VIII, 488-490)

Ainda que a opinião de Bowie com relação a essa dupla possibilidade não deva ser descartada ("um deus ou um mortal *poderia* ser a fonte do extraordinário conhecimento de Demódoco"), o cumprimento de Ulisses visa sem dúvida a reforçar a relação com os deuses (a Musa ou Apolo te ensinou, *pois* cantas tão conformemente o infortúnio dos aqueus). Todavia, não deixa de ser relevante que o parâmetro (provavelmente o único) para se julgar a relação do aedo com a Musa se encontre no nível das coisas humanas: a prova de que Demódoco aprendeu com os deuses é seu canto ser tão conforme ao de alguém que "tivesse presenciado",

---

3. Uma nova *janela*, como sugere Pedro Ipiranga Júnior.

ele próprio, os acontecimentos, ou, mais ainda, que "tivesse ouvido de outro" como eles se deram. Enquanto esteve presente na condição de personagem, Ulisses pôde atuar, sem dúvida, como esse árbitro capaz de identificar, no canto, a intervenção divina, o que configura uma situação extraordinária. Há, entretanto, um nível mais comum de julgamento, que depende do "ouvir de outro", capaz de ser exercido, em princípio, por qualquer recebedor, o que configuraria uma espécie de teste com base na tradição, já admitida pelo próprio poeta da *Ilíada* na invocação às Musas que abre o catálogo das naus ("vós *estais presentes* a tudo e tudo sabeis, / nós apenas *a fama ouvimos*").

Esses cumprimentos servem de abertura para introduzir o desafio que Ulisses proporá agora a Demódoco: que cante o episódio do cavalo de madeira, após o qual se dará a conhecer. Convém examinar em detalhe esse trecho, em que é o próprio Ulisses que dá ao aedo o tema e o programa narrativo, na forma usual nos proêmios:

ἀλλ' ἄγε δὴ μετάβηθι καὶ ἵππου κόσμον ἄεισον
δουρατέου, τὸν Ἐπειὸς ἐποίησεν σὺν Ἀθήνῃ,
ὅν ποτ' ἐς ἀκρόπολιν δόλον ἤγαγε δῖος Ὀδυσσεὺς
ἀνδρῶν ἐμπλήσας, οἵ Ἴλιον ἐξαλάπαξαν.
αἴ κεν δή μοι ταῦτα κατὰ μοῖραν καταλέξῃς,
αὐτίκα καὶ πᾶσιν μυθήσομαι ἀνθρώποισιν,
ὡς ἄρα τοι πρόφρων θεὸς ὤπασε θέσπιν ἀοιδήν.

Mas eia! prossegue e o episódio do cavalo canta,
cavalo de madeira que Epeio fez com Atena,
o qual então, na acrópole, com dolo, conduziu o divino Ulisses,
de heróis repleto, os quais pilharam Ílion.
Se então isso conforme as partes me contares,
logo eu próprio direi a todos os homens
que um deus propício te dá o canto divino. (*Odisseia*, VIII, 492-498)

Trata-se de uma sorte de desafio em que o que está em causa é a capacidade de cantar *katà kósmon*, em ordem ou de modo conveniente (cf. v. 489). Deve-se ressaltar como, no verso 492, o próprio episódio do cavalo de madeira é nomeado como um *kósmos*, um entrecho, enquanto em 496, como equivalente de *katà kósmon*, Ulisses utiliza também a expressão *katà moîran*, em que a ideia de conveniência se expressa como uma certa conformidade das partes. Assim, parece que está em causa a capacidade que o aedo tenha de, com a assistência da Musa, proferir um canto ordenado – e só se essa exigência se verificar no desempenho de Demódoco, Ulisses irá "dizer a todos os homens que um deus bem disposto te confia (*ópase*, impulsiona e acompanha) o inspirado canto".

Esse caráter ordenador que define a operação principal da Musa parece suficientemente comprovado tanto pelos proêmios da *Ilíada* e da *Odisseia*, em que o poeta ordena à deusa que cante desde tal ou qual ponto, quanto se expõe com surpreendente clareza nas invocações secundárias da *Ilíada*, já citadas:

> Ἔσπετε νῦν μοι Μοῦσαι Ὀλύμπια δώματ᾽ ἔχουσαι
> ὅς τις δὴ πρῶτος...
>
> Dizei agora a mim, Musas, que a olímpica morada tendes,
> quem pois primeiro... (*Ilíada*, XI, 218-219)
>
> Ἔσπετε νῦν μοι Μοῦσαι Ὀλύμπια δώματ᾽ ἔχουσαι
> ὅς τις δὴ πρῶτος...
>
> Dizei agora a mim, Musas, que a olímpica morada tendes,
> quem pois primeiro... (*Ilíada*, XIV, 508-509)
>
> Ἔσπετε νῦν μοι Μοῦσαι Ὀλύμπια δώματ᾽ ἔχουσαι,
> ὅππως δὴ πρῶτον...
>
> Dizei agora a mim, Musas, que a olímpica morada tendes,
> como então, primeiro... (*Ilíada*, XVI, 112-113)

Ora, o que se constata é que se trata de uma fórmula bastante regular, cujo segundo verso supõe o termo "primeiro", que, com valor adjetivo ou adverbial, marca o início de uma sequência de ações (quem primeiro atacou Agamêmnon; quem primeiro ergueu despojos sangrentos; como, primeiramente, o fogo caiu sobre as naus). Saber dizer o que ocorreu primeiro é, sem dúvida, o pré-requisito indispensável para o canto ordenado. Isso se torna mais evidente em face da afirmativa de Ulisses de que os aedos merecem a honra e o respeito de todos os homens porque, a eles, "entrechos a Musa ensina e ama a raça dos aedos" (οἴμας Μοῦσ' ἐδίδαξε, φίλησε δὲ φῦλον ἀοιδῶν, *Odisseia*, VIII, 481). Note-se bem: o que a Musa ensina ao aedo são *oímai*, isto é, percursos, caminhos (o que venho traduzindo como *entrechos*), cuja principal característica repousa na ordenação dos feitos que se canta *katà kósmon* ou *katà moîran*, isto é: conforme a ordem ou conforme as partes. Essa potência de ordenação se aplicaria também no caso dos catálogos (o que seria o catálogo das naus ou dos cavalos, sem a ordem enunciativa que a Musa lhes impõe, senão um amontoado ininteligível?), dando-nos a segurança de afirmar que é justamente essa ordenação que constitui a operação por excelência da Musa.

Continuemos a examinar o episódio do cavalo de madeira e o cumprimento do desafio que Ulisses fizera a Demócodo, que, movido por um deus, começa a cantar:

> ὣς φάθ', ὁ δ' ὁρμηθεὶς θεοῦ ἤρχετο, φαῖνε δ' ἀοιδήν,
> ἔνθεν ἑλών, ὡς οἱ μὲν ἐϋσσέλμων ἐπὶ νηῶν
> βάντες ἀπέπλειον, πῦρ ἐν κλισίῃσι βαλόντες,
> Ἀργεῖοι...
>
> Assim disse. E ele, excitado por um deus, começou e tecia o canto,
> tomando-o do ponto em que eles, nas naus de boas pranchas,
> avançando, partiam a navegar, fogo nas tendas tendo posto,
> eles, os argivos... (*Odisseia*, VIII, 499-502)

O discurso indireto é garantido pelo *hos* inicial (*énthen helòn hos*: tomando [o *kósmos*] do ponto *em que*...), reiterado cinco versos depois (*Odisseia*, VIII, 505). Nove versos abaixo volta-se a marcar o discurso indireto, incluindo a repetição do verbo *dicendi* (*éeiden*, cantava), o que acontece, mais uma vez, dois versos após e, de novo, no penúltimo verso (*Odisseia*, VIII, 514, 516, 519-520). Essa reiteração de marcas indiretas do discurso é aqui necessária, dado que se trata de um trecho relativamente longo (20 versos), contra os apenas seis referentes ao canto do *neîkos* de Aquiles e Ulisses. Entretanto, não se deve perder de vista que, como no canto relativo à disputa entre Aquiles e Ulisses, os dados exigidos no proêmio estão referidos, o qual poderia assim ser reconstituído (tomando como paradigma o primeiro verso da *Ilíada*, em vista do metro determinado por *híppon*, e sem nos preocuparmos em preencher todos os espaços):

ἵππον ἄειδε, θεά, ––∪∪–∪∪––
δουράτεον, τὸν Ἐπειὸς ἐποίησεν σὺν Ἀθήνῃ,
ὅν ποτ᾽ ἐς ἀκρόπολιν δόλον ἤγαγε δῖος Ὀδυσσεὺς
ἀνδρῶν ἐμπλήσας, οἳ Ἴλιον ἐξαλάπαξαν,
ἔνθεν ∪–– οἱ μὲν ἐϋσσέλμων ἐπὶ νηῶν
βάντες ἀπέπλειον, πῦρ ἐν κλισίῃσι βαλόντες,
Ἀργεῖοι...

O cavalo canta, deusa, ––∪∪–∪∪––,
cavalo de madeira que Epeio fez com Atena,
o qual então, na acrópole, com dolo, conduziu o divo Odisseu,
de heróis repleto, os quais Ílion pilharam,
do ponto em que ∪–– eles, nas naus de boas pranchas,
avançando, partiam a navegar, fogo nas tendas tendo posto,
eles, os argivos...

As lágrimas de Ulisses são a prova de que Demódoco cumpriu o desafio de cantar o *kósmos* do cavalo *katà kósmon* ou *katà moîran* (*Odisseia*, VIII, 521 ss.), confirmando sua perícia. Com efeito, em todos os demais entrechos a reação dos ouvintes é a prova de que os cantos de Demódoco sempre atingem seus objetivos: ao ouvirem o episódio do *neîkos*, os feácios se alegram (*térpont'epéesin*, *Odisseia*, VIII, 91) e Ulisses chora (*Odisseia*, VIII, 83-90); todos, incluindo Ulisses, alegram-se com as histórias de Ares e Afrodite (*Odisseia*, VIII, 367-369); finalmente, Ulisses volta a chorar ao ouvir o canto sobre o cavalo de madeira e supõe-se, pela fala de Alcínoo, que os feácios de novo se encantam (*Odisseia*, VIII, 536 ss.).

Tomando como referência as situações de enunciação que até aqui examinamos (relativas ao próprio Homero e a Demódoco – que parece refletir Homero), é isto o que se vê: o aedo é respeitado e sabe-se que mantém relação com as Musas e Apolo; o aedo, impulsionado pela Musa, pode escolher o tema do canto (como no caso do *neîkos*); sem referência às deusas, pode também fazê-lo (o que se constata com respeito ao entrecho de Ares e Afrodite) ou acatar sugestões dos ouvintes (como se vê com relação ao cavalo de madeira). O aedo interage com seu público e os efeitos do canto são visíveis, expressos, sobretudo, como *térpesthai* (alegrar), que é o que lhe concedeu um deus, cante o que cantar, movido pelo seu próprio *thymós* (ânimo). O canto é apreciado e, em torno dele, há também um *kléos*, como em torno dos argumentos que propaga. Cada canto tem um programa, que se define, basicamente, como um ponto de partida, o que parece ser indispensável para um desempenho que se faz *katà kósmon* ou *katà moîran*, ou seja, é essa clareza de ordenação que permite ao canto apresentar-se como um *kósmos* (um entrecho convenientemente ordenado). Finalmente, o público não é passivo, sofrendo os efeitos do canto, mas também determina seu início e fim, podendo mesmo, como faz Ulisses, propor programas narrativos.

Tudo isso parece ter duas consequências principais: a primeira, desautorizar a redução da poética homérica à teoria da inspiração;[4] a segunda, leva a admitir-se que o que se expõe é um processo complexo, envolvendo a cooperação do poeta, da Musa e dos ouvintes, intencionalmente exposto enquanto tal.

Fêmio

O caráter reflexivo de Demódoco com relação a Homero pode ser mais bem percebido no contraponto com o desempenho de Fêmio, levando à seguinte questão: o poeta, de alguma forma, reflete sua função na deste último, como parece que o faz quando põe em cena o primeiro?

Com efeito, no que diz respeito a Fêmio, como a tudo que se passa na casa de Ulisses, percebe-se que subjaz uma certa desordem. Sua primeira aparição se dá no banquete dos pretendentes, quando, saciada a sede e o apetite, não têm eles mais nenhum desejo senão o do canto e o da dança, coroamento (*anáthema*, ou seja, o que se dá como algo mais) da festa (*Odisseia*, I, 152). Então,

---

4. Como notou Gil, ao lembrar o quanto é anacrônico transportar para a ela o conceito platônico de inspiração "como esse estado de rapto ou de divino entusiasmo" (Adrados *et al.*, 1963, p. 435).

κῆρυξ δ' ἐν χερσὶν κίθαριν περικαλλέα θῆκε
Φημίῳ, ὅς ῥ' ἤειδε παρὰ μνηστῆρσιν ἀνάγκῃ.
ἦ τοι ὁ φορμίζων ἀνεβάλλετο καλὸν ἀείδειν,

um arauto a cítara mais bela põe nas mãos de Fêmio,
que cantava, forçado, junto dos pretendentes;
então o citarista se lança a cantar belamente. (*Odisseia*, I, 153-155)

A mera referência ao fato de que o aedo canta forçado (*anánkei*) já mostra como se trata de uma situação excepcional - a mesma que perturba Penélope e Telêmaco, tendo determinado o afastamento de Eumeu e de Laertes do palácio. Enquanto decorre o canto, Telêmaco terá a longa conversa com Atena sob a forma de Mentes, não participando, portanto, do coroamento do banquete, ainda que se trate do anfitrião (*xeînos*). A volta à cena do aedo só se fará após a partida da deusa, quando Penélope interfere para pôr fim ao canto - o que demonstra como, forçado pelos pretendentes, Fêmio se apresenta contra a vontade daqueles em cuja casa se encontra. É apenas nessa segunda ocasião, para justificar a intervenção de Penélope, que o narrador esclarece o conteúdo do que se conta:

τοῖσι δ' ἀοιδὸς ἄειδε περικλυτός, οἱ δὲ σιωπῇ
εἵατ' ἀκούοντες· ὁ δ' Ἀχαιῶν νόστον ἄειδε
λυγρόν, ὃν ἐκ Τροίης ἐπετείλατο Παλλὰς Ἀθήνη,

para eles [os pretendentes] o aedo ilustre cantava: aqueles, em silêncio,
assentados ouviam e ele lhes cantava o retorno dos aqueus,
penoso retorno que, desde Troia, lhes impôs Palas Atena. (*Odisseia*, I, 325-327)

Ainda que pudéssemos, como nos exercícios anteriores, imaginar como proêmio do canto de Fêmio algo como

νόστον ἄειδε, θεά, ––∪∪–∪∪––
λυγρόν, ὃν ἐκ Τροίης ἐπετείλατο Παλλὰς Ἀθήνη,

O retorno canta, deusa, ––∪∪–∪∪––
penoso retorno que, desde Troia, impôs-lhes Palas Atena,

é importante destacar que o programa narrativo, neste caso, não se apresenta completo, pois o "retorno dos aqueus" parece um objeto vasto em excesso, bastando lembrar que a própria *Odisseia* trata de um único retorno. O mais razoável seria admitir que o referido canto diga respeito, antes, a um gênero do que a um único poema. Um outro fator pesa contra a reconstituição do proêmio, pois o texto não faz referência ao fato de que o aedo, constrangido, tenha de algum modo recebido o impulso divino, como acontecia com Demódoco.

A intervenção de Penélope parece também extraordinária, tanto em si mesma, ao pretender que o aedo, que diverte seus convidados, se cale, quanto por seu teor:

> Φήμιε, πολλὰ γὰρ ἄλλα βροτῶν θελκτήρια οἶδας
> ἔργ' ἀνδρῶν τε θεῶν τε, τά τε κλείουσιν ἀοιδοί·
> τῶν ἕν γέ σφιν ἄειδε παρήμενος, οἱ δὲ σιωπῇ
> οἶνον πινόντων· ταύτης δ' ἀποπαύε' ἀοιδῆς
> λυγρῆς, ἥ τέ μοι αἰὲν ἐνὶ στήθεσσι φίλον κῆρ
> τείρει, ἐπεί με μάλιστα καθίκετο πένθος ἄλαστον.
> τοίην γὰρ κεφαλὴν ποθέω μεμνημένη αἰεὶ
> ἀνδρός, τοῦ κλέος εὐρὺ καθ' Ἑλλάδα καὶ μέσον Ἄργος

> Fêmio, pois que muitas outras coisas que encantam os mortais sabes,
> feitos de heróis e de deuses, aos quais celebram os aedos,
> um desses, sentado, lhes canta; e eles, em silêncio,
> bebam o vinho. Mas para esse canto
> penoso, que sempre, no peito, o coração me
> tortura, posto que me tomou muitíssimo um luto intolerável,
> pois dessa face tenho saudade, lembrando sempre
> do herói cuja glória se estende por toda a Hélade e no meio de Argos.
> (*Odisseia*, I, 337-344)

Ao que tudo indica, portanto, era justamente do *nóstos* de Ulisses que o aedo tratava, o que a repreensão de Telêmaco à mãe parece confirmar, quando este lhe lembra que "não só Ulisses perdeu o dia do retorno/ em Troia, mas também muitos outros sucumbiram" (*Odisseia*, I, 354-355). Telêmaco justifica que, assim, não compete recusar ao "bravo aedo alegrar, como lhe move o espírito (*nóos*)", pois "não são os aedos culpados (*oú ny aoidoì aítioi*)", mas Zeus, de alguma maneira (*allá pothi Zeùs aítios*), "o qual dá, aos homens comedores de pão, como queira, a cada um" (*Odisseia*, I, 346-349), e, além disso, "os homens louvam mais o canto que, para os ouvintes, parece o mais novo" (*Odisseia*, I, 351-352). Ora, como se vê, a defesa de Telêmaco se baseia em três argumentos: em primeiro lugar, os aedos não são culpados, pois Zeus é que dá aos homens o que quer; em segundo lugar, os homens apreciam mais o que parece mais novo; finalmente, Ulisses não foi o único que perdeu o dia do retorno.

No que diz respeito à função do aedo, o texto permite duas leituras: ou que este não é culpado pelo que aconteceu aos heróis cuja saga canta; ou que não é culpado por cantar como "o espírito o move" (*hóppei hoi nóos órnytai*) – nos dois casos porque é Zeus que dá aos homens o que quer e, podemos entender, tanto deu a alguns heróis perder o dia da volta quanto deu aos aedos cantar conforme lhes mova o *nóos*. É significativo que não haja referência à Musa ou a algum tipo de inspiração, mas tão somente a essa partilha de Zeus, que justifica o canto novíssimo de Fêmio sobre os heróis que não retornaram. Mais ainda, que seja o próprio *nóos* do aedo que o impulsione, o que já se afirmara, em parte (isto é, com referência ao *thymós*), a propósito de Demódoco ("como quer que o *thymós* o incite a cantar", *Odisseia*, VIII, 44-45), o qual, entretanto, fornece um modelo explícito de co-operação com a Musa, ao contrário do que se constata no caso de Fêmio. Enfim, que, constrangido, seu *nóos* o tenha levado a cantar o retorno dos que perderam o dia do retorno. Nesse contexto, Bowie (1993, p. 16) levanta uma questão de suma importância para nossos propósitos: estamos diante de um canto que se poderia definir como *pseûdos*, uma vez que Ulisses, de fato, não sucumbiu como tantos outros e regressará em breve, o que, aliás, não é do conhecimento de Fêmio nem de seus ouvintes, mas é sabido pelo ouvinte ou leitor da própria *Odisseia*? Caso essa suposição fosse verdadeira, levar-nos-ia a admitir que Fêmio age por si, sem a assistência da Musa?

É difícil responder a essas questões com segurança. Entretanto, trata-se daquele tipo de perguntas que valem a pena, pois interessam não tanto pelas respostas, mas em si mesmas. Preservemos, pois, a dúvida, para avaliar o discurso de Fêmio no canto XXII, quando se cumpre a vingança de Ulisses contra os pretendentes e os que o traíram. O aedo é então apresentado dividido entre duas alternativas (*díkha dè phresì mermérizen*, *Odisseia* XXII, 333): deixar o recinto e dirigir-se ao altar de Zeus; ou lançar-se aos joelhos de Ulisses como suplicante. Tendo decidido pela segunda opção, profere o famoso discurso:

γουνοῦμαί σ', Ὀδυσεῦ· σὺ δέ μ' αἴδεο καί μ' ἐλέησον.
αὐτῷ τοι μετόπισθ' ἄχος ἔσσεται, εἴ κεν ἀοιδὸν
πέφνῃς, ὅς τε θεοῖσι καὶ ἀνθρώποισιν ἀείδω.
αὐτοδίδακτος δ' εἰμί, θεὸς δέ μοι ἐν φρεσὶν οἴμας
παντοίας ἐνέφυσεν· ἔοικα δέ τοι παραείδειν
ὥς τε θεῷ· τῶ μή με λιλαίεο δειροτομῆσαι.
καί κεν Τηλέμαχος τάδε γ' εἴποι, σὸς φίλος υἱός,
ὡς ἐγὼ οὔ τι ἑκὼν ἐς σὸν δόμον οὐδὲ χατίζων
πωλεύμην μνηστῆρσιν ἀεισόμενος μετὰ δαῖτας,
ἀλλὰ πολὺ πλέονες καὶ κρείσσονες ἦγον ἀνάγκῃ.

Toco teus joelhos, Ulisses – e tu, respeita-me e tem piedade!
No futuro, terás remorso se um aedo
matares, o qual deuses e homens canta.
Autodidata sou. Um deus, em meu ânimo, entrechos
de toda espécie faz brotar. Parece-me cantar junto de ti
como para um deus. Não tenhas gana de me decapitar.
Telêmaco diria isto, teu próprio filho:
como não é consentidamente nem por indigência que à tua casa
vim, para cantar para os pretendentes, após os banquetes,
mas, muito mais numerosos e fortes, eles conduziram-me à força. (*Odisseia*, XXII, 344-353)

A expressão "autodidata sou" (*autodídaktos d'eimí*) é geralmente invocada para mostrar como os aedos dependiam da "inspiração".[5] Com efeito, não se pode esquecer que ela faz parte de uma série de argumentos invocados por Fêmio, cujo ápice é garantir que os pre-

---

5. Como se lê no verbete correspondente de Bailly; razões contrárias em Russo *et al.* (1992, v. 3, p. 279-280).

tendentes o conduziram à força à casa de Ulisses para cantar após os banquetes, a saber: 1. Ulisses sentiria remorso por matar um aedo que canta deuses e homens; 2. Fêmio é autodidata; 3. um deus faz brotar tal sorte de entrechos (*oímai*) em seu ânimo; 4. ele julga cantar para Ulisses como para um deus; 5. ele não veio à casa de Ulisses consentidamente (*hekón*) e nem por indigência, mas os pretendentes conduziram-no à força (*anánkei*). Aliás, o próprio narrador havia, pouco antes, garantido que Fêmio "cantava forçado entre os pretendentes" (*Odisseia*, XXII, 331), repetindo o verso 154 do canto I, já citado. Vale lembrar, isso implica admitir que se trata de uma situação excepcional e que Fêmio não poderia ser tomado como paradigma do aedo nem por ele ser julgado, por encontrar-se sob o jugo dos pretendentes que o dominam pela força. Aliás, como recorda Benedetto, a fórmula como ele abre seu discurso – "Toco teus joelhos, Ulisses – e tu, respeita-me e tem piedade!" – aparece não mais que outras duas vezes nos poemas homéricos: na *Ilíada*, abrindo a súplica que Licaão dirige a Aquiles, pedindo que lhe poupe a vida (com a única diferença que, em lugar de *Odysseû*, se encontra *Akhilleû*, *Ilíada*, XXI, 74); no próprio canto XXII da *Odisseia* (um pouco antes da fala de Fêmio), na súplica do arúspice Liodes a Ulisses (*Odisseia*, XXII, 312) – devendo-se ressaltar que, nos dois casos, o pedido de clemência foi inócuo, pois nem Aquiles poupou Licaão, nem Ulisses, Liodes (Benedetto, 1998, p. 347-348). Isso demonstra como o caso de Fêmio apresenta traços de efetiva excepcionalidade.

De fato, seria inadequado tomar o terceiro argumento de Fêmio ("um deus, em meu ânimo, entrechos de toda espécie faz brotar") como uma justificativa do anterior ("sou autodidata"), posto que as orações estão apenas justapostas, unidas pela partícula *dé* (e não, por exemplo, por *gár*), como se a afirmação pudesse significar: sou autodidata (isto é, não aprendi minha arte com ninguém), pois é um deus (a Musa) que me inspira. Na forma como se encontram, trata-se, antes, de duas afirmações complementares, na linha do que Penelope Murray (1981, p. 97) chamou "dupla motivação" para o canto, envolvendo tanto a iniciativa do aedo (por meio do movimento de seu *nóos* ou de seu *thymós*) quanto a assistência do deus. É isso, com efeito, que vimos constatando desde a análise dos proêmios dos dois poemas: a cooperação que envolve aedo e Musa e as operações que competem a cada um. Outra interpretação, que não me parece convincente, é admitir que, sendo assim, *autodídaktos* se refira "apenas aos aspectos técnicos da composição", enquanto *oímai* (percursos, entrechos) diz respeito ao assunto do canto (Lanata *apud* Bowie, 1993, p. 17). Entretanto, não julgo que o entendimento de Murray, acatado por Bowie, seja exatamente acurado: "Ambos, a Musa e o próprio espírito do aedo estão relacionados com a forma e o conteúdo, e a declaração de Fêmio é de 'que ele não simplesmente repete cantos que aprendeu com outros bardos, mas compõe seus próprios cantos.'" Na mesma linha segue Wheeler (2002, p. 37), para quem a declaração está relacionada com o fato de que "seria óbvio que os bardos tivessem de *aprender* (...) as habilidades técnicas e os temas poéticos essenciais para seu ofício": *autodídaktos*, então, "provavelmente refere-se a um talento inato", ainda que seja "significativo, por exemplo, que *edídaxe* se aplique duas vezes à ação das Musas no que concerne a Demódoco."

O que significa ser *autodídaktos*? Vimos como, após constatar o modo como Demódoco canta *katà kósmon* a sorte dos aqueus, Ulisses declara que, a ele, "a Musa, filha de Zeus, ensinou (*edídaxe*), ou Apolo" (*Odisseia*, VIII, 488). A construção, nesse caso, expressa um pensamento bastante articulado: a Musa, filha de Zeus, te ensinou, "pois (*gár*) muito conforme a ordem (*líen katà kósmon*) os males dos aqueus cantas" (*Odisseia*, VIII, 489). Ora, julgo que é contra esse pano de fundo, percebido, mas descurado por Wheeler, que se pode entender a declaração de autodidatismo de Fêmio: ao afirmar que aprendeu por si mesmo, não estará se referindo, em vez de a outros aedos, à própria Musa? Com efeito, prescindir do aprendizado da Musa não implicaria que um deus não pudesse fazer brotar em seu ânimo muitos entrechos (*oímai*) a partir dos quais compunha seus cantos, mas simplesmente que, nesses cantos, falta a operação que é própria da Musa, a qual os tornaria *katà kósmon* – o que implicaria detalhar mais nossa conclusão anterior, admitindo que nem toda *oíme* é *katà kósmon*, mas apenas aquela ensinada pela Musa. Mais ainda: desde que esta esteja ausente, resta apenas uma dupla cooperação: a do próprio aedo com seus ouvintes (admitindo-se que o canto, ao contrário do que considera Murray, tem uma motivação que é tripla – envolvendo o aedo, a Musa e os ouvintes – e não só dupla). É por isso que, visando apenas a agradar os pretendentes, que o forçam, Fêmio poderia cantar sim a perda de Ulisses (que, entretanto, não se perdeu), como parece que lhe censura Penélope. Nesse sentido, a falha de seu canto estaria em não ser *katà kósmon* e, uma vez que um deus lhe faz brotar na alma todo tipo de entrechos (*oímai*), do que ele se justifica é de não saber fazer deles, por si só, um *kósmos*, motivo por que, como afirma Telêmaco, em sua defesa junto de Ulisses, como já o fizera junto de Penélope, Fêmio é inocente: *anaítios*, ir-responsável pelo canto (*Odisseia*, XXII, 356). Só assim se entende que todos os seus argumentos sejam coroados com a explicação de que, entre os pretendentes, cantava forçado: posto que não é a Musa que o ensina, falta em seu canto a operação que a ela cabe e, desse modo, são os ouvintes que simplesmente o forçam a cantar como lhes agrada (sendo eles, portanto, a *aitía*, a causa do canto).

Desse modo, a Musa poderia ser entendida como aquilo que intervém entre o aedo e seu público, como a mediação necessária para que o canto seja regulado pelo *kósmos*, e não por qualquer espécie de licença ou violência, ou, dito de outro modo: se a operação do aedo com relação à Musa pode ser entendida como de limitação e o mesmo se pode dizer da operação do público em face do aedo – o que fica claro na corte dos feácios, a partir das intervenções de Alcínoo, que iniciam ou interrompem os cantos, e, na corte de Ítaca, encontra-se superlativizado de um modo anômalo na ação dos pretendentes que forçam o aedo a cantar o que lhes agrada – o *kósmos* do próprio canto supõe um equilíbrio delicado entre as diversas operações que se encontram em sua origem, ou seja, uma complexa cooperação que pode ser assim delineada: a operação da Musa é ensinar aos aedos *oímai* que se fazem conforme a ordem e as partes; a do aedo, impor limites à Musa, propondo temas e marcando desde quando até quando deve abarcar o assunto do canto; a do público, impor limites ao aedo, interferindo na escolha dos temas e na extensão das perfórmances. Desde que considerados em sua tripla relação, o que se constata é que nem a Musa pode ser sem limites, nem o aedo, nem o público: se, de um lado, a Musa é limitada imediatamente pelo aedo e, de forma mediata, pelo público, este último tem seu papel delimitado pela relação que o aedo tem com a Musa (a qual o ensina a cantar *katà kósmon* não só para agradar os ouvintes, ou seja, o impacto do canto no público pode até fazer principiar ou interromper a perfórmance do aedo, mas não poderia modificar um percurso ensinado pela Musa). O que aparece como exemplar na corte dos feácios com relação a Demódoco, sua Musa e seu público, no contexto de "uma comunidade em acordo consigo mesma, onde tudo corre no meio de alegria e bom humor", encontra seu oposto extremo no ambiente conturbado do palácio de Ulisses, uma "sociedade bloqueada onde toda sociabilidade se desagrega" (Hartog, 2003, p. 40), na qual a violência dos pretendentes parece ter usurpado para si a operação da Musa, gerando esse canto anômalo de que Fêmio não pode ser reputado a causa (tampouco a deusa).

Aquiles

Mas há ainda um último exemplo que colhemos em Homero, que diz respeito não propriamente ao canto de um aedo, mas de um herói: Aquiles que canta, ele próprio, a "fama dos heróis" (*kléa andrôn*). A cena se encontra no canto IX da *Ilíada*, quando da embaixada que Agamêmnon lhe envia, por meio de Ulisses, Ájax e Fênix. Estes dois, aproximando-se das naus dos mirmidões,

> τὸν δ' εὗρον φρένα τερπόμενον φόρμιγγι λιγείῃ
> καλῇ δαιδαλέῃ, ἐπὶ δ' ἀργύρεον ζυγὸν ἦεν,
> τὴν ἄρετ' ἐξ ἐνάρων πόλιν Ἠετίωνος ὀλέσσας·
> τῇ ὅ γε θυμὸν ἔτερπεν, ἄειδε δ' ἄρα κλέα ἀνδρῶν.
> Πάτροκλος δέ οἱ οἶος ἐναντίος ἧστο σιωπῇ,
> δέγμενος Αἰακίδην ὁπότε λήξειεν ἀείδων.

> o encontraram alegrando o ânimo com uma lira sonora,
> de bela feitura, guarnecida, no alto, de uma trava de prata,
> a qual ele tomara dos despojos, ao destruir a cidade de Eecião:
> com ela alegrava o coração e cantava assim a fama dos heróis.
> Pátroclo, sozinho, diante dele se sentava, em silêncio,
> esperando que o Eácida acabasse de cantar. (*Ilíada*, IX, 186-191)

O que há de extraordinário nessa cena se evidencia se considerarmos os deslocamentos que ela provoca no tripé aedo/Musa/público: a) um dos heróis objeto dos cantos canta, ele próprio, a "fama dos heróis", o que provê um bem arquitetado efeito de *mise en abîme*; b) seu canto não se destina a um público, mas ele canta para "alegrar o próprio ânimo", fechando-se, portanto, em si mesmo o circuito comunicativo; c) não há absolutamente nenhuma referência à Musa ou a qualquer outra fonte de inspiração. Algumas perguntas impõem-se: trata-se de um canto sem Musa? Quais são os *kléa andrôn* que ele canta? Seriam *kléa andrôn* relacionados com a própria Guerra de Troia, de que ele participa? Se ele participa da guerra, tendo estado presente aos acontecimentos, poderia prescindir da Musa, ou, dito de outro modo, compartilhando com as deusas o "estar presente" poderia estar, nesse caso, arrebatando à Musa seu papel, assim como havia feito com o do aedo? Quem então ensinou Aquiles a cantar? Em princípio, é anacrônico transportar para o contexto homérico a *paideía* tradicional (descrita por Platão na *República*), baseada em ginástica e música; todavia, Fênix afirma ter educado Aquiles para ser *mýthon te rhetêra... prektêrá te érgon* (proferidor de discursos... e realizador de feitos): o ensinamento relativo aos *kléa andrôn* poderia fazer parte dessa habilidade quanto aos *mythoi*?

São perguntas difíceis sobre uma cena única, cuja pertinência se encontra em mostrar-nos como, no jogo entre aedo, Musa e público, as possibilidades são variadas e complexas: cantar com a Musa para um público, como faz Demódoco – e também Homero; cantar contra a Musa, como Tâmiris; cantar sem a Musa e só com o público, como Fêmio; enfim: cantar sem um público (e sem a Musa?), como Aquiles, dado que, embora Pátroclo o ouça, não é para este que o herói canta, mas para alegrar o próprio ânimo. Frontisi-Ducroux (1986, p. 12) entende que "Pátroclo, em face dele [Aquiles], encarna o auditório inteiro, cuja escuta atenta e fiel reflete" – e, ao pô-lo em cena, "o aedo reforça o contato com seu auditório, sugere-lhe um modelo de escuta similar à atitude de Pátroclo, relação de subordinação e de fidelidade." Entretanto, é importante ressaltar que o narrador da *Ilíada* insiste (duas vezes, nesses poucos versos!) que Aquiles foi encontrado "alegrando o ânimo (*terpómenos phréna*) com a lira sonora" e que "com ela alegrava o coração" (*thymòn éterpen*), como realça também Segal (2001, p. 114-115). Assim, parece evidente que não é ao outro que seu canto alegra, como nos demais casos (mesmo no de Fêmio, que canta forçado pelos pretendentes) e o papel de Pátroclo, então, se revela fora dos padrões. O que ele faz não é escutar nem, muito menos, alegrar-se com o canto – apenas, assentar-se sozinho, em silêncio, esperando que o Eácida acabe de cantar. Uma tradução mais fiel do verso 191 (*dégmenos Aiakíden hopóte léxeien aeídein*) deve levar em conta o sentido de *dégmenos*, particípio perfeito de *dékhomai*, cuja acepção em Homero (na esfera da significação geral do termo: *receber*) desdobra-se em duas direções: a) receber com resignação, ou seja, suportar (assim, *kêra... déxomai*, suportarei a morte, em *Ilíada*, XVIII, 15; *khalepón per eónta dekhómetha mython*, suportemos esse discurso que é tão difícil, *Odisseia*, XX, 271); b) receber com firmeza, isto é, resistir (*tónde d'egòn epiónta dedéxomai oxêï dourí*, e ao inimigo resistirei com a aguda lança, *Ilíada*, V, 238); é dessa ideia de receber de um modo incômodo que deriva o sentido de esperar, enquanto uma espera que se impõe é algo que se deve suportar. Assim, se Pátroclo representa algum tipo de público na cena em que Aquiles se alegra a si mesmo com a *phórminx*, o que ele encarna é um recebedor a contragosto, que apenas suporta o canto do Eácida até que termine – como o extremo oposto do público que, no espaço do banquete, interage com o aedo, alegrando-se com seu canto ou fazendo-o cessá-lo quando este lhe desagrade.

Vê-se como se configura, de fato, o exemplo mais extremo. Cantar para si mesmo, para alegrar o próprio ânimo, aponta para uma mudança de finalidade: em vez da função comunicativa, inerente à própria noção dos *kléa andrôn*, parece que o canto assume, neste caso, um papel terapêutico – e é provável que, justamente por isso, prescinda da Musa que o aedo limita e do público que é por ela limitado.

4

AS MUSAS ENSINAM A MENTIR

Em Hesíodo, a preocupação de representar o que cerca a produção do poema encontra-se igualmente presente, embora os cento e quinze versos iniciais da *Teogonia* devam ser aproximados dos poemas homéricos com a devida cautela, por tratar-se propriamente de um hino, não de uma narrativa. Geralmente, admite-se que a consciência do lugar e do papel do poeta é mais desenvolvida em Hesíodo, pelo fato de que ele "assina" sua obra nos versos:

> αἵ νύ ποθ' Ἡσίοδον καλὴν ἐδίδαξαν ἀοιδήν,
> ἄρνας ποιμαίνονθ' Ἑλικῶνος ὕπο ζαθέοιο.
> τόνδε δέ με πρώτιστα θεαὶ πρὸς μῦθον ἔειπον,
> Μοῦσαι Ὀλυμπιάδες, κοῦραι Διὸς αἰγιόχοιο·
> ποιμένες ἄγραυλοι, κάκ' ἐλέγχεα, γαστέρες οἶον,
> ἴδμεν ψεύδεα πολλὰ λέγειν ἐτύμοισιν ὁμοῖα,
> ἴδμεν δ' εὖτ' ἐθέλωμεν ἀληθέα γηρύσασθαι.

> Elas [as Musas] certa vez, a Hesíodo, ensinaram belo canto,
> ovelhas ele apascentando sob o Hélicon divino.
> E a mim, antes de tudo, as deusas estas palavras dirigiram,
> as Musas olimpíades, filhas de Zeus que tem a égide:
> Pastores agrestes, maus opróbios, ventres só,
> sabemos muitas mentiras dizer a fatos semelhantes
> e sabemos, quando queremos, verdades proclamar. (*Teogonia*, 22-28, tradução de Torrano, com alterações)

O primeiro fato que chama a atenção é que às Musas é que cabe, aqui, a iniciativa que, nos poemas homéricos, é do poeta. Em vez de ser este que se dirige àquelas, dramaticamente, são elas que lhe falam, apostrofando, no plural, os pastores, que são, portanto, a segunda pessoa. Deve-se observar, entretanto, com justiça, que essa representação do discurso das Musas se encontra, nesse trecho, enquadrada no discurso de Hesíodo, que abrira, no primeiro verso, o seu canto, expressando-se em primeira pessoa:

> Μουσάων Ἑλικωνιάδων ἀρχώμεθ' ἀείδειν.
>
> Pelas Musas heliconíades comecemos a cantar. (*Teogonia*, 1)

Comecemos a cantar (*arkhómeth' aeidein*), de fato, é uma marca forte, cuja pluralidade tanto poderia ser entendida como meramente formal (um plural majestático) quanto poderia incluir o aedo e seu público. Provavelmente, deve-se eliminar a possibilidade de que dissesse respeito ao poeta e às Musas, posto que elas aí são claramente a terceira pessoa, assunto do canto, cujo ponto de partida o verso marca, devendo ser entendido, preferencialmente, como "a partir das Musas comecemos a cantar". Isso, aliás, confirma-se mais adiante, quando Hesíodo afirma que as Musas lhe ordenaram cantar o ser bem-aventurado dos deuses e a elas, sempre, em primeiro e em último lugar.

O que interessa, sobretudo, ressaltar é que, na cena em que se apresentam ao poeta, manifestando-se em discurso direto, as Musas afirmam o que delas diz Homero (que sabem algo). Mas acrescentam mais: sabem não só anunciar coisas verdadeiras (*alethéa*), como também dizer muitas coisas mentirosas (*pseúdea pollá*). Na *Ilíada*, o poeta declara, dirigindo-se às deusas, que elas presenciam e sabem tudo (*pánta*), por ter tudo visto; aqui, as Musas, dirigindo-se ao poeta, declaram que sabem sim, mas não simplesmente *pánta* – ou seja, é preciso esclarecer que seu saber inclui coisas verdadeiras (*alethéa*) e coisas mentirosas (*pseúdea*).

Por que esse discernimento? Como entendê-lo? Sabe-se como autores recentes (como Voegelin e Verdenius) continuam a entender que se trata, em Hesíodo, de uma crítica à Musa de Homero, cuja competência seria dizer muitas mentiras semelhantes a fatos: nessa linha, Wheeler (2002, p. 34, n. 14) entende que "Hesíodo está deliberadamente estabelecendo um constraste entre si e o mentiroso Ulisses." Além de tratar-se de hipótese difícil de comprovar (em que pese o fato de a disputa entre os dois poetas ser admitida já pelos antigos), parece-me, de qualquer modo, insuficiente para esclarecer o sentido desses versos (Cf. Rosen, 1997). Testarei algumas alternativas, buscando indícios em Homero. A pergunta é simples: nos poemas deste último há discursos que possam ser classificados como *pseúdea etýmoisin homoîa* (coisas mentirosas semelhantes a coisas autênticas)?

A expressão deve ser formular, pois a reencontramos na *Odisseia*, aplicada a Ulisses. Trata-se da cena em que o herói está em seu palácio, disfarçado de mendigo, e conversa com Penélope, logo antes de Euricleia lavar-lhe os pés, descobrindo a cicatriz. Penélope perguntara ao estrangeiro que tem diante de si, sem saber que se tratava do marido:

> ξεῖνε, τὸ μέν σε πρῶτον ἐγὼν εἰρήσομαι αὐτή·
> τίς πόθεν εἰς ἀνδρῶν; πόθι τοι πόλις ἠδὲ τοκῆες;
>
> Estrangeiro, isto, a ti, primeiro eu própria perguntarei:
> Quem és, de que povo? De qual cidade e família? (*Odisseia*, XIX, 104-105)

Trata-se de uma pergunta simples diante de um hóspede (*xeînos*), que deveria ter uma resposta simples, numa situação comum: sou Fulano, de tal povo, cidade e família. A situação, contudo, não é comum, pois é diante de Penélope que Ulisses deve representar com mais perícia o papel que desempenha, mostrando-se *polýmetis* (*Odisseia*, XIX, 164: estou deixando de lado os versos intermediários, que podem ser interpolados, embora só reforcem a perfórmance de Ulisses; entretanto, não há como discutir que a resposta à pergunta feita nos versos 104-105 só ocorre a partir de 165). Assim, ele profere uma fala organizada do seguinte modo:

1. versos 165-171, exclamações e lamentos: falar da família (*gónos*), estando exilado, provoca sofrimento (*ákhos*);

2. versos 172-180, descrição de Creta, onde está o palácio de Minos, "pai de meu pai, o magnânimo Deucalião";

3. versos 181-184, indicação de sua família, através de referência ao irmão mais velho, Idomeneu, rei de Creta, e proferição de seu nome: Éton (*Aíthon*);

4. versos 185-202, narrativa da passagem de Ulisses por Creta, onde foi visitar Idomeneu, que, entretanto, já havia partido para Troia, motivo por que foi Éton quem lá recebeu Ulisses, tendo-o como hóspede (*xeînos*) durante doze dias.

Observe-se como a resposta às perguntas tão simples de Penélope encontram-se nos itens 2 e 3, numa ordem diferente: o povo (cretense), a cidade (Cnosso), a família (de Idomeneu) e o nome (Éton).

Ao fechar essa fala de Ulisses, o narrador retoma a palavra, dizendo que o herói

> ἴσκε ψεύδεα πολλὰ λέγων ἐτύμοισιν ὁμοῖα·
> τῆς δ' ἄρ' ἀκουούσης ῥέε δάκρυα...

> representava muitas coisas mentirosas, dizendo coisas semelhantes a fatos
> e da que ouvia corriam lágrimas... (*Odisseia*, XIX, 203-204)

Ulisses, portanto, pratica aqui algo semelhante ao que as Musas de Hesíodo afirmam ser sua competência. E o que ele faz? Basicamente, representa o papel de Éton. Representa como? Disfarçado de mendigo, sem dúvida. Porém, mais que através disso, é ao que ele acaba de dizer que se aplica o comentário do narrador. Observe-se que a fórmula é ligeiramente diferente da de Hesíodo: em "sabemos muitas coisas mentirosas dizer semelhantes a coisas autênticas" (*ídmen pseúdea pollà légein etymoisin homoîa*), faz-se uma afirmação de caráter geral, tanto que as Musas não dizem como realizam isso, apenas requisitam para si essa capacidade; já no verso aplicado a Ulisses, faz-se, com relação a este, não uma afirmativa de caráter geral, mas indica-se como ele aparentava, fingia, representava tal coisa, dizendo tais coisas, ou, dizendo coisas semelhantes a coisas autênticas, ele representava muitas coisas mentirosas. Essa diferença de sentido deve-se tanto ao uso do imperfeito (*iske*, um durativo) quanto ao do particípio presente de *légein*, que não mais determina *ídmen* (sabemos dizer...), mas o sujeito (Ulisses): ele, Ulisses, dizendo coisas semelhantes a coisas autênticas, fingia muitas mentiras (ainda que outras leituras sejam possíveis: a) considerar que *pseúdea pollà... etýmoisin homoîa* determina *légon*: fingia, dizendo muitas coisas mentirosas semelhantes a coisas autênticas; b) considerar que a mesma expressão determine *iske:* falando, fingia muitas coisas mentirosas semelhantes a coisas autênticas).

Os *pseúdea pollà etýmoisin homoîa* que Ulisses usa (e demonstra conhecer também em outros pontos do poema, como na chegada à corte dos feácios e à casa de Eumeu), aqui ele demonstra falando, em cada uma das partes em que dividi sua resposta: primeiramente, por meio das exclamações e lamentos, como seria de se esperar de um exilado; depois, descrevendo Creta; ainda, dizendo ser Éton, irmão de Idomeneu; finalmente, afirmando ter hospedado Ulisses. Pode-se argumentar que, das quatro partes, a segunda é verdadeira. Trata-se de uma boa questão, cuja resposta poderia assumir um aspecto múltiplo: de um lado, mesclar coisas autênticas aos *pseúdea* é uma maneira eficaz de torná-los semelhantes a fatos; de outro, não são entrechos que estão em julgamento, pelo nível de exatidão das informações que transmitem, mas uma fala representada, cujo traço principal é representar-se como autêntica. Tanto é assim que o máximo do jogo com os *pseúdea* está no fato de Ulisses dizer que recebeu Ulisses em Creta. Ora, essa passagem do herói por Creta poderia ser autêntica, mas sua autenticidade está inserida num jogo de pseúdea que a faz deixar de ser simplesmente autêntica para tornar-se *etýmoisin homoîon* (semelhante a coisas autênticas), uma vez que ocorre no discurso de um pseudo-Éton que, afinal, é um pseudo-Ulisses.

Seja como for, embora emocionada com a fala de seu hóspede, Penélope não dará crédito a ela de imediato, o que é a reafirmação prática de sua prudência. Ela exige uma prova, para saber se o que diz Éton é autêntico:

> νῦν μὲν δή σευ ξεῖνέ γ' ὀΐω πειρήσεσθαι,
> εἰ ἐτεὸν...
>
> Agora então a ti, ó estrangeiro, julgo dever testar
> Se autêntico... (*Odisseia*, XIX, 215-217)

Ora, embora o narrador e o leitor saibam que não é *eteón*, o fato de ser *etýmoisin homoîon* garante que Ulisses passe na prova e a narrativa siga adiante. Em princípio, *eteós*, como *étymos*, é o contrário de *pseudés;* mas existe entre eles um ponto de contato: os *pseúdea etýmoisin homoîa.*

Nisso é que Ulisses é *expert*: na representação dessa semelhança, arranca lágrimas de Penélope (como fizera com ele Demódoco, ao cantar o episódio do cavalo de madeira, em tudo autêntico), demonstrando então seu poder de convencimento; mais ainda, nessa representação, nem diante das lágrimas de Penélope perde seu domínio – segundo o narrador, seus olhos mantêm-se como de chifre ou de ferro, sem tremor algum nas sobrancelhas, e ele, com ardil (*dóloi*), contém as lágrimas (*Odisseia*, XIX, 211-212). Mais que no conteúdo do que se narra – em que se misturam coisas autênticas com *pseúdea* – é na forma como Ulisses o faz que se garante que sejam *pseúdea* semelhantes a coisas autênticas. Trata-se, portanto, de uma capacidade de representar o outro usando os dados da própria experiência (como na técnica do ator de Stanislavski). Ao lamentar a condição de exilado que tudo perdeu, Ulisses não está, afinal, falando de sua própria condição? Ao referir-se à passagem de Ulisses por Creta, não está referindo-se à sua própria história? O que ele faz, no fundo, são deslocamentos (e não oposições excludentes, na linha de verdade *versus* mentira): em vez de exilado de Ítaca, finge estar exilado de Creta; em vez de ser Ulisses em Creta, ser seu anfitrião; em vez de ser agora, diante de Penélope, Ulisses em Ítaca, ser Éton de Creta em Ítaca, *xeînos* da casa de Ulisses.

Com efeito, esses deslocamentos têm lugar apenas porque Ulisses não fala como Ulisses, mas como Éton, o que vem a ser o deslocamento básico capaz de gerar um discurso que representa muitos *pseúdea* semelhantes a coisas autênticas. Assim, como sugere Brasete, com base em Pucci, a propósito da variação da mesma fórmula presente na *Teogonia*, a afirmação das Musas pode remeter ao conceito (ou a um conceito em formação) de mimese (Brasete, 1995, p. 268). Nesse sentido, como em tantas outras coisas, poderíamos considerar Ulisses uma espécie de inaugurador – *arkhegós*, ou seja, quem conduz e, logo, detém a *arkhé* – da arte do ator.

Insisto que não se trata simplesmente de representação de mentiras, enquanto o oposto da verdade: tanto é assim, tanto é semelhante a coisas autênticas o discurso de Ulisses, que ele passa na prova de Penélope, quando ela o desafia a descrever as roupas com que Ulisses foi a Creta. Quem melhor que Ulisses poderia responder a isso, não por ser Éton que teria recebido então Ulisses, mas por ser o próprio Ulisses que agora se mostra a Penélope como Éton?

As Sereias

A *Odisseia* apresenta mais um magnífico exemplo de deusas que reclamam para si tudo saber: as Sereias. Com efeito, elas se aproximam das Musas em vários sentidos: como estas, também as Sereias cantam (*éntynon aoidén*, *Odisseia*, XII, 183); como o som da cítara de Demódoco, conduzido pelas Musas, também seu canto é claro, agudo, melodioso (*Odisseia*, XII, 183); mais ainda, no dizer de Circe, elas "a todos os homens encantam", como acontece também com o canto de Demódoco. Entretanto, os que creem nelas jamais regressam e, na rocha em que habitam, não se veem mais que os ossos dos que lhes deram ouvidos (*Odisseia*, XII, 39-46).

O que dizem essas deusas terríveis? O que Ulisses foi o primeiro e único mortal a ouvir e regressar para narrar:

> δεῦρ' ἄγ' ἰών, πολύαιν' Ὀδυσεῦ, μέγα κῦδος Ἀχαιῶν,
> νῆα κατάστησον, ἵνα νωϊτέρην ὄπ' ἀκούσῃς.
> οὐ γάρ πώ τις τῇδε παρήλασε νηῒ μελαίνῃ,
> πρίν γ' ἡμέων μελίγηρυν ἀπὸ στομάτων ὄπ' ἀκοῦσαι,
> ἀλλ' ὅ γε τερψάμενος νεῖται καὶ πλείονα εἰδώς...
>
> Vem cá, louvadíssimo Ulisses, grande glória dos aqueus,
> a nau para, a fim de que nossa voz escutes,
> pois jamais alguém aqui passou ao largo, em negra nau,
> antes de a doce e clara voz de nossas bocas ouvir:
> e o que se alegra vai-se também sabendo mais... (*Odisseia*, XII, 184-188)

Num sentido geral, a competência das Musas aí está – tomando-se como referência o que se afirma do canto de Demódoco: a voz doce que alegra (*terpsámenos*). Com razão, a similaridade entre Musas e Sereias tem sido sublinhada por diferentes autores, com base nos seguintes pontos: trata-se de divindades femininas; sua atividade precípua é o canto; em locais externos ao espaço humano é que se dá seu encontro com testemunhas humanas (Ulisses e Hesíodo), as quais se encarregam de transmitir-nos seu canto (cf. Doherty, 1995, p. 83). Observe-se, contudo, que, em Homero, jamais as Musas estão em cena, em discurso direto, dramatizando seu próprio canto. Todavia, se tomarmos como referência a cena de Hesíodo, a simetria é clara – e o contraste, chocante: como aqui a fala das Sereias abre-se com o elogio do interlocutor, na *Teogonia*, pelo contrário, a fala das Musas principia com um ataque violento contra ele ("pastores agrestes, vis infâmias, ventres só..."). A fala das Musas, em Hesíodo, comparada com essa fala das Sereias, é tosca, dura, rude – inclusive estilisticamente, sem refinamentos sintáticos (ou, se quisermos, retóricos).

O mais importante é a razão que as Sereias apresentam para, além de *térpein*, também tornar o ouvinte mais sábio (*pleíona eidós*):

ἴδμεν γάρ τοι πάνθ', ὅσ' ἐνὶ Τροίῃ εὐρείῃ
Ἀργεῖοι Τρῶές τε θεῶν ἰότητι μόγησαν,
ἴδμεν δ' ὅσσα γένηται ἐπὶ χθονὶ πουλυβοτείρῃ.

pois sabemos sim tudo quanto na vasta Troia
argivos e troianos, por vontade dos deuses, padeceram
e sabemos quanto há sobre a terra fecunda. (*Odisseia*, XII, 189-191)

São duas declarações que se aproximam tanto do que diz o narrador da *Ilíada* sobre as Musas (*íste te pánta*) quanto do que dizem as próprias Musas na *Teogonia* (*ídmen... ídmen dè*...). As Sereias reclamam para si saber tudo o que se passou em Troia e tudo quanto há sobre a terra, dizendo de si, portanto, o que Homero diz das Musas, mas do modo como as Musas o fazem em Hesíodo, isto é, em primeira pessoa (o que torna a fórmula de fechamento dos discursos diretos semelhante nos dois poemas: *hòs (é)phasan*).

Caberia perguntar: sabem as Sereias de fato o que dizem saber? Esse seu canto, como na acepção comum, seria um exemplo de *pseúdea*? Já se observou como, pelo menos com relação a um detalhe, se poderia supô-lo: ao afirmarem que o que ouve sua doce e clara voz se alegra e, sabendo mais, "parte" ou "volta para casa" (*neîtai*), ministram uma informação que está em contradição com o que declara Circe:

Σειρῆνας μὲν πρῶτον ἀφίξεαι, αἵ ῥά τε πάντας
ἀνθρώπους θέλγουσιν, ὅτίς σφεας εἰσαφίκηται.
ὅς τις ἀϊδρείῃ πελάσῃ καὶ φθόγγον ἀκούσῃ
Σειρήνων, τῷ δ' οὔ τι γυνὴ καὶ νήπια τέκνα
οἴκαδε νοστήσαντι παρίσταται οὐδὲ γάνυνται,
ἀλλά τε Σειρῆνες λιγυρῇ θέλγουσιν ἀοιδῇ,
ἥμεναι ἐν λειμῶνι· πολὺς δ' ἀμφ' ὀστεόφιν θὶς
ἀνδρῶν πυθομένων, περὶ δὲ ῥινοὶ μινύθουσιν.

As Sereias primeiro atingirás, as quais, sim, todos
os homens encantam, qualquer que perto delas chegue:
quem, por ignorância, se aproxime e a voz escute
das Sereias, a este jamais mulher e filhos pequenos,
na volta para casa, acolhem e festejam,
mas as Sereias encantam-no com claro canto,
para ficar no prado: em volta, um grande monte de ossos
de heróis putrefatos – em torno as peles consomem-se.
(*Odisseia*, XII, 39-46)

Com efeito, não é apenas o claro canto encantador que as caracteriza, mas também o fato de que quem para a fim de ouvi-lo não retorna para casa (*nostéein*) – um dado, portanto, relativo a seus efeitos. Segundo o que elas próprias afirmam, há uma relação direta entre ouvir seu canto e partir sabendo mais, contra o que previne Circe: a relação autêntica dá-se entre ouvir e não partir jamais. Mas note-se que Ulisses, ao descrever sua passagem pela ilha das Sereias, não se refere ao monte de ossos e aos cadáveres putrefatos, o que, se parece admitir implicitamente a descrição de Circe, não a confirma de todo, como se o herói estivesse tão entregue à audição que fosse incapaz de qualquer outra coisa, como, por exemplo, examinar o aspecto da pradaria.

Contudo, ainda que o destino dos que param seja funesto, ninguém, nem mesmo Circe, diz que o canto das Sereias é falso. Não seria, portanto, nessa esfera que estaria sua diferença com relação à Musa. A partir dos efeitos que esse canto provoca no ouvinte, creio que deveríamos admitir que o que provavelmente lhe falta são limites: de fato, não há referência, como nos pontos que analisei a respeito da operação da

Musa, sobre a partir de onde elas cantarão. Elas simplesmente sabem tudo e cantam tudo – e, nesse sentido, poderíamos compreender por que os que param jamais partem. Seu canto não tem fim, como não pode ter o que é *tà pánta*.

Observe-se a diferença que há com relação ao poeta da *Ilíada*: ele afirma, sim, que as Musas sabem tudo (*pánta*); mas ordena que digam apenas quem eram os chefes e condutores dos dânaos e o número dos que integravam a multidão. Num certo sentido, é como se a Sereia fosse uma espécie de Musa desregrada, enlouquecida, sem limites em sua operação, uma ampliação funesta do canto que supõe uma produção infindável e mortífera, porque prescinde totalmente da operação do poeta. Por outro lado, elas parecem também, pelo que diz Circe, fora do controle do recebedor: quando percebe que Ulisses chora, Alcínoo manda interromper a apresentação de Demódoco porque crê que não alegra a todos (*Odisseia*, VIII, 538); já o efeito do canto das sereias é imediato sobre o herói, que esquece toda precaução, desejando apenas entregar-se à audição, cujos limites não quer controlar, tomado pelo encanto que o leva a abdicar da operação própria do ouvinte (cf. *Odisseia*, XII, 191-192: "Assim falaram a lançar belíssima voz. Logo meu coração/ queria ouvir e mandei os companheiros libertarem-me"). Esses dois aspectos conduzem à conclusão de que, diferentemente da Musa, a Sereia se encontra totalmente dedicada à operação que lhe é própria, mostrando-se incapaz de estabelecer qualquer espécie de cooperação.

Talvez possamos avançar mais observando que o canto das Sereias não passa de um proêmio, das referências metalinguísticas por meio das quais, em princípio, se situa o enunciado nas passagens analisadas da *Ilíada* e da *Odisseia* (ou, para tomarmos também outro exemplo referido, na abertura do discurso de Ulisses representando Éton). Caberia perguntar: há mesmo o canto do que dizem ou apenas essa representação da situação de enunciação, que, sem jamais entrar num objeto determinado e, portanto, limitado, sem jamais deixar o campo da primeira e da segunda pessoa, seria por isso mesmo inesgotável? Seja como for, o poeta não quis minimamente registrar não só o canto das Sereias, mas sequer seu conteúdo, mantendo apenas essa representação do jogo enunciativo: quem fala (nós, sereias) e com base em que se fala (sabemos... e sabemos...); com quem se fala (tu, Ulisses) e qual o resultado do canto (alegrar e fazer partir sabendo mais).

Em resumo, trata-se de um discurso que, basicamente, representa os lugares no plano da enunciação, sem entrar no enunciado propriamente dito. Um canto feito só de proêmio e, por representar nesse proêmio o que é apanágio das Musas, então sim um *pseûdos etýmoisin homoîon*, em que o objeto a que se assemelha seria o canto das Musas. É provavelmente por isso que esse canto também não pode servir às funções próprias ao ensinado pelas Musas, seja a transmissão dos *kléa andrôn*, sejam os sucessos relativos aos deuses, pois em ambos os casos a operação do recebedor é indispensável para a operação da deusa, sem o que se torna inviável o processo de comunicação que dá sentido ao próprio canto: como ressaltou Segal (1983, p. 40), fazendo seus ouvintes perecer longe do mundo dos homens, as Sereias agem como anti-Musas, dado que atuam não na esfera da divulgação do *kléos*, mas de sua destruição – ou, pelo menos, de sua preservação apenas numa esfera não humana, ou melhor, fatídica para qualquer dos homens. Isso significa que, também com relação aos efeitos, o canto das Sereias poderia ser classificado como *pseûdos etýmoisin homoîon*, o que faria dele não um anticanto, mas algo que não mais que representa o canto. Em outros termos: mimese da Musa.

Memória

De certo modo, se há crítica de Hesíodo a Homero, seria no sentido de que atribui este a outros (Ulisses e as Sereias) o que é só das Musas. O *alethés*, enquanto negação da *léthe*, do esquecimento, confirma a função de rememoração própria das Musas na *Ilíada*. Mas Hesíodo trabalha com uma perspectiva dupla: elas sabem dizer muitos *pseúdea* semelhantes a coisas autênticas, mas sabem também anunciar *alethéa* (isto é, coisas verdadeiras enquanto se rememoram ou que se tiram do esquecimento). Nesse caso, é preciso considerar dois níveis de oposição: de um lado, *pseúdea légein* opõe-se a *alethéa gerýsasthai*; de outro, *pseúdea* se mostra como algo distinto de *étyma*. Assim, teríamos:

1				2
1a) ψεύδεα	λέγειν	x		ἀληθέα γηρύσασθαι
1b) ἐτύμοισιν ὁμοῖα				

Não se trata apenas de oposição entre mentira e verdade, o que talvez seja o que ocorre entre 1a e 1b (isto é, como no enunciado da *Odisseia* relativo ao discurso de Éton representado por Ulisses). Trata-se de opor todo o conteúdo de 1 (dizer *pseúdea* semelhantes a coisas autênticas) ao conteúdo de 2 (proferir *alethéa*).

O entendimento etimológico do sentido de *alethéa* enquanto desesquecimento, que parece mais analógico do que linguisticamente verdadeiro, justifica-se neste trecho tanto porque Hesíodo ama esse tipo de analogias (ou, como se diz, de "etimologia popular": e *vox populi* pode ser, neste caso, literalmente a voz das próprias deusas) quanto porque insiste ele na relação das Musas com a memória, ao referir-lhes a origem:

τὰς ἐν Πιερίῃ Κρονίδῃ τέκε πατρὶ μιγεῖσα
Μνημοσύνη, γουνοῖσιν'Ελευθῆρος μεδέουσα,
λησμοσύνην τε κακῶν ἄμπαυμά τε μερμηράων.

A elas, na Piéria, gerou, unida ao pai Cronida,
Memória, que nas colinas do Eleutero reinava,
esquecimento dos males e pausa das preocupações. (*Teogonia*, v. 53-55)

Esses três versos são de todo significativos. Em primeiro lugar, porque declaram, obliquamente, a filiação das Musas com relação a Zeus. Por outro, porque, referindo-se obliquamente a Zeus, num dativo associativo, não o põem em primeiro plano, mas à Memória (*Mnemosýne*): foi ela quem gerou as Musas, unindo-se ao pai Cronida. O verbo que traduzi por unida (*migeîsa*) tem um sentido literal forte que é importante reter: significa misturada, mesclada, o que indica sim a união sexual, mas também ressalta que o produto dessa união, as Musas, implica justamente essa mistura, ou, dizendo de outro modo, que as Musas são o resultado de uma mescla da Memória com Zeus, o que significa, na lógica arcaica das cosmogonias, que elas explicitam, em sua natureza, traços já implícitos na natureza de seus pais, cuja especificidade está na própria mescla do que provém de ambos. Assim, se é na filiação da Memória que as Musas encontram sua identidade, encontram-na não na Memória pura, mas numa Memória mesclada (*migeîsa*) com Zeus. Consequência primeira: elas não são só memória.

O surpreendente, entretanto, encontra-se no verso 53: Memória (*Mnemosýne*) gerou-as, misturando-se ao pai Cronida, não para rememoração, mas para esquecimento (*lesmosýne*). Fica claro que se quer, neste caso, realçar o valor dessa *lesmosýne* (esquecimento). Em primeiro lugar, pelo simples fato de que a palavra ocupa exatamente a mesma posição métrica que *Mnemosýne* ocupava no verso anterior, estando ambas, além do mais, encabeçando os respectivos versos. Mas a expressão crucial neste ponto ("esquecimento dos males e pausa das preocupações"), também do ponto de vista sintático, deixa ver como se trata da própria revelação da natureza das deusas. Transpondo o enunciado numa forma estritamente prosaica e realçando o valor apositivo da citada expressão, teríamos: às Musas, esquecimento dos males e pausa das preocupações, gerou Memória, mesclada com o pai Cronida. É evidente que a estrutura comporta também a leitura finalística, que é a mais comumente feita: Memória, mesclada com Zeus, gerou as Musas para esquecimento dos males e pausa das preocupações. Qualquer dos dois entendimentos – ainda que o primeiro me pareça mais incisivo, ao garantir que as Musas são esquecimento e pausa –, qualquer deles nos garante que o traço mais relevante dessas filhas da Memória não é lembrar, mas fazer esquecer e fazer cessar.

O que elas são, portanto? Memória mesclada a Zeus ou uma espécie de memória para o esquecimento. Não se trata, evidentemente, de um esquecimento absoluto, uma negação da memória, o que não teria sentido, mas do esquecimento de algumas coisas, nomeadamente os males (*lesmosýne kakôn*). Mais ainda: trata-se também de uma memória que, em vez de fluir sem limites, faz cessar algumas coisas, especificamente as preocupações (*ámpauma mermeráon*).

Se as Musas fossem só memória, sem o esquecimento e a pausa, não deixariam de ser o mesmo que as Sereias: deusas fatais. Ora, ao unir-se à Memória, mesclando-se sexualmente com ela, Zeus nela introduz-se e introduz nela algo diferente (que a fecunda), o que, tratando-se de uma deusa cujo nome revela um atributo unívoco bem estabelecido, só pode ser não-memória. As Musas, portanto, não são exclusivamente memória, mas o resultado dessa mistura de memória e não-memória: mais exatamente, atentando nas próprias palavras de Hesíodo, elas são fruto da memória (o útero de Mnemósine) e da pausa e do esquecimento (sêmen de Zeus). Se quisermos ir além, na medida em que Zeus é esse deus que distribui honras e funções, organizando e dirigindo, poderíamos definir as Musas como uma sorte de memória organizada, uma memória dirigida, uma memória à qual o poder de Zeus impôs limites – o que, aliás, Hesíodo admite, pois as Musas cantam diante de Zeus, para Zeus, a cujo espírito alegram (*térpousin, Teogonia*, v. 37). Mais ainda: admitindo-se que Zeus é, sobretudo, aquele que detém a Métis, as Musas seriam essa memória refletida, ardilosa, que tanto rememora algumas coisas quanto, ao mesmo tempo e consequentemente, lança outras no esquecimento.

Seria pouco, entretanto. De fato, as Musas sabem, se querem (*eût'ethélomen*) profeir *alethéa* (isto é, coisas que se tiram do esquecimento); mas sabem também dizer *pseúdea* – isto é, sabem apenas representar que executam sua função de rememoração. Para a pura memória o *pseûdos* seria, em tese, impossível, pois isso implicaria trair-se a si mesma, negar-se enquanto tal, deixar de ser memória. A capacidade que as Musas declaram ter de *pseúdea pollà légein etýmoisin homoîa* deve, portanto, vir-lhes de Zeus. Numa palavra: faz parte da *mêtis* de Zeus, como faz parte da *mêtis* de Ulisses. Esse traço é reforçado pela declaração das deusas de que proferem *alethéa* apenas quando querem, o que não deixa de significar que os *pseúdea* antecedem os *alethéa*, ou que elas são antes filhas de Zeus que de Memória (e é como filhas de Zeus que Homero prefere referir-se a elas, deixando apenas implícita sua relação com a Memória). Essa leitura teria como consequência fazer da atividade principal das Musas o *pséudea pollà légein etýmoisin homoîa*, em que se recorta um outro espaço, minoritário e dependente do querer, quando elas se ocupariam também dos *alethéa*. Esta poderia ser a intenção de Hesíodo: ressaltar seu poema como especial, único, extaordinário. Trata-se de um momento raro da atividade das Musas, na maior parte do tempo dedicadas aos *pseúdea*.

Decerto, essa é uma leitura comum (o canto de Hesíodo é o próprio canto das deusas), que, evidentemente, tem sua razão de ser, mas cuja pertinência precisa ser testada (o que se fará mais à frente). De momento, importa reforçar a importância de Hesíodo trazer, para a esfera das Musas, o *pseûdos*, estabelecendo, pela primeira vez, "a distinção clara entre poesia e verdade" (Pereira, 2003, p. 157). Ainda que não se trate de crítica direta a Homero, trata-se de resposta a alguma questão pertinente para o poeta e seu público. Os pastores agrestes não sabem discernir quando as Musas dizem *pseúdea* semelhantes a coisas autênticas de quando anunciam *alethéa* – ou não distinguem quando elas representam dizer verdades, de quando as dizem de fato, porque querem. Mais exatamente: elas não condenam os *pseúdea*, nem se mantêm longe deles; o que parecem condenar são os que, em sua rudez, não distinguem *pseúdea* de *alethéa*, tomando tudo por verdadeiro. Ou seja, condenam equívocos da recepção dos vários gêneros de canto que proferem. De um certo modo, estão modelando o problema que várias gerações futuras terão de enfrentar: o estatuto desse *pseûdos*.

Arqueologicamente, portanto, o que está em jogo não é apenas o futuro conceito de mimese, mas também o de ficção, ou, mais exatamente: este último está em jogo justamente porque também está o primeiro.

5

O QUE A MUSA ENSINA

A principal conclusão do ensaio de Frontisi-Ducroux sobre a poética da *Ilíada* é que todas as marcas de enunciação nela presentes, algumas das quais percorremos nos capítulos anteriores, têm como função sublinhar o caráter "fictício" do enunciado. Esse ponto de vista, com o qual concordo inteiramente, poderia decerto ser enunciado com mais precisão: se é verdade que o poeta discorre sobre os acontecimentos memoráveis (os *kléa andrôn*), há várias formas de fazê-lo, pois cada poema depende de um complexo processo de cooperação entre o poeta, os deuses e o público, que não necessariamente é harmônico. Com efeito, nenhum dos três representa uma garantia inabalável com relação à fidelidade do canto aos feitos – e mesmo que Hesíodo vise a garantir a seu recebedor que seu poema é o autêntico canto das Musas, o fato de declarar previamente que elas sabem também mentir tem, como efeito, antes problematizar o enunciado que tranquilizar o ouvinte. Isso não significa, contudo, que não caiba à Musa uma função, pois vimos como, em Homero, é ela que parece principalmente ensinar os aedos. É preciso, portanto, detalhar mais o que ela ensina – isso que na *Odisseia* se exprime, segundo vimos, como um cantar *katà kósmon* ou *katà moîran*.

Hesíquio define o sentido de *kósmos* assim: *kallopismós* (ornamento), *kataskeué* (organização, arranjo, artifício – e também construção sintática, composição literária), *táxis* (ordenamento, arranjo, disposição), *katástasis* (constituição, modo de ser, método); já *katà kósmon*, segundo o mesmo autor, significa *katà trópon* (de modo adequado, conforme o caráter), *en táxei* (em ordem), *katà tò déon* (como se deve), *katà tò kathêkon* (de modo conveniente) (Hesíquio, *Léxico*, kappa 3770 e kappa

1180, respectivamente). Em Homero, parece que a ideia de ordem está presente em enunciados como *kósmoi érkhesthai*, ir em ordem (*Ilíada*, XII, 225), e *kósmoi kathízein*, assentar em ordem (*Odisseia*, XIII, 77), registrando-se a expressão *katà kósmon* em doze passagens (além da já citada, relativa ao canto de Demódoco), que se distribuem em dois tipos de fórmulas: *eû katà kósmon* (em boa ordem, convenientemente) e *ou katà kósmon* (desordenadamente, inconvenientemente).

Assim, afirma o poeta que, na assembleia dos guerreiros, Tersites era o único que continuava a falar desmedidamente, ele que sempre tinha no espírito palavras inconvenientes e numerosas (*épea... ákosmá te pollá te*) para em vão disputar com os reis, ainda que *ou katà kósmon* (*Ilíada*, II, 214; cf. a tradução de Carlos Alberto Nunes: "sem regra"; a de Haroldo de Campos: "sem tino"; de Frederico Lourenço, "sem nexo e sem propósito"; Hesíquio esclarece que *ou katà kósmon*, nesse verso, significa *ou katà trópon*, "de modo inadequado"); noutro ponto, Hera reclama junto a Zeus que Ares se excede, aniquilando muitos dos mais afamados aqueus em vão, ainda que *ou katà kósmon* (*Ilíada*, V, 759; cf. Nunes: "sem conveniência alguma"; cf. Campos: "em desordem"; cf. Lourenço: "sem decoro"); na assembleia dos deuses, Zeus ameaça fustigar *ou katà kósmon* os imortais que interferirem na guerra (*Ilíada*, VIII, 12; cf. Willcock, 1978, v. 1, p. 260: *ou katà kósmon* neste verso significa "não em boa ordem, horrivelmente, dolorosamente"; cf. Nunes: "por modo irrisório"; cf. Campos: "em mau estado"; cf. Lourenço: "de forma ignominiosa"); quando Zeus observa, do alto do Olimpo, que Heitor envergara as armas de Aquiles, após a morte de Pátroclo, exclama que ele as tinha tomado da cabeça e dos ombros do morto *ou katà kósmon* (*Ilíada*, XVII, 205; cf. Nunes: "por modo indécoro"; Campos: "vilmente"; cf. Lourenço: "de forma bem feia"; cf. Willcock, 1978, v. 2, p. 256, "de modo impróprio", com o esclarecimento: "Não há impropriedade em tomar a armadura de um inimigo morto. O que Zeus pensa é que Heitor não tem o estatuto necessário para vestir as armas imortais de Aquiles."); recebendo Telêmaco em seu palácio, Nestor conta-lhe como os dois Atridas, quando do início do retorno da guerra, resolveram, de modo inoportuno, convocar uma assembleia dos aqueus depois do sol posto, *ou katà kósmon* (*Odisseia*, III, 138; cf. Nunes, "contra os costumes"; cf. Lourenço: "de modo irresponsável"); na corte dos feácios, Ulisses declara a Euríalo que este lhe fizera abalar o coração no peito, ao falar-lhe *ou katà kósmon* (*Odisseia*, VIII, 179; cf. Nunes, "com teus ditos fúteis"; cf. Lourenço: "de modo áspero e sem medires as palavras"); já em Ítaca, Eumeu declara a Ulisses disfarçado, a propósito de seu "conto cretense", que o que nele se referia a Ulisses é *ou katà kósmon* (*Odisseia*, XIV, 363; cf. Nunes: "invenção"; cf. Lourenço: "que... não está certa"); finalmente, Melântio, censurando Ulisses, afirma que ele mendiga junto dos pretendentes *ou katà kósmon* (*Odisseia*, XX, 181; cf. Nunes: "contra as regras"; Cf. Lourenço: "de forma desavergonhada").

A fórmula positiva aparece pela primeira vez, na *Ilíada*, na descrição dos trácios que, enquanto dormiam, tinham as armas postas no chão, em três fileiras, *eû katà kósmon* (*Ilíada*, X, 472; cf. Nunes: "arrumadas com muito gosto"; cf. Campos: "em ordem"; cf. Lourenço: "bem ordenadas" – ressalte-se que é para este verso que remete o verbete de Hesíquio acima evocado). As duas referências seguintes repetem a mesma fórmula, que ocupa dois versos, a primeira descrevendo a saída dos gregos para a batalha (*Ilíada*, XI, 48), a segunda, o exército troiano (*Ilíada*, XII, 85):

> Ἡνιόχῳ μὲν ἔπειτα ἑῷ ἐπέτελλεν ἕκαστος
> ἵππους εὖ κατὰ κόσμον ἐρυκέμεν αὖθ' ἐπὶ τάφρῳ,

> A seu auriga, em seguida, ordena cada um que
> os cavalos, **em boa ordem**, pare junto do fosso,

o que Willcock (1978, v. 1, p. 298) esclarece que significa "em ordem", entendimento também adotado pelos tradutores cujas opções vimos seguindo (Nunes: "em boa ordem"; Campos, em XI, 48: "em boa ordem", optando em XII, 85 por "bem agrupados"; Lourenço, na primeira ocorrência, simplesmente "bem" e, na segunda, "ordenadamente"). Enfim, a última ocorrência se encontra na cena entre Príamo e Aquiles, quando, depois de aceder ao pedido do primeiro, o herói aqueu o convida para a ceia e degola uma ovelha, que seus companheiros esfolam e aprontam *eû katà kósmon* (*Ilíada* XXIV, 622; cf. Nunes: "de acordo com as regras"; Campos: "segundo as normas"; Lourenço: "com perícia").

Por enquanto, basta reter três aspectos. O primeiro, que *katà kósmon* se refere a duas esferas semânticas: o que se dispõe conforme uma certa ordenação (sentido presente, sobretudo, na fórmula positiva); o que se faz de um modo conveniente, de acordo com certas regras ou costumes (acepção predominante na fórmula negativa). O segundo dado importante é que a única ocorrência de *katà kósmon* sem os advérbios *ou* (não) ou *eû* (bem) se encontra no verso referente ao canto de Demódoco:

> λίην γὰρ κατὰ κόσμον Ἀχαιῶν οἶτον ἀείδεις,
> **pois tão *katà kósmon*** o infortúnio dos aqueus cantas,

em que o advérbio *líen* (extremamente, muitíssimo, excessivamente) empresta à expressão um valor superlativo, constituindo esse sintagma (*líen katà kósmon*) um *hápax* cuja importância parece destacada.[1] Finalmente, não se pode esquecer que o próprio episódio do cavalo de madeira é tratado por Ulisses como um *kósmos*, o que se poderia entender em dois sentidos: a) ele próprio tem uma determinada ordenação; b) ele é uma das partes de um conjunto maior – o infortúnio dos aqueus, ou seja, o ciclo troiano – em cuja ordenação tem um lugar determinado.

Antes, porém, de avançarmos mais, examinemos o sentido de *katà moîran*: como vimos, este seria o outro elemento que, segundo Ulisses, garantiria que Demódoco, cantando o *kósmos* do cavalo de madeira, é impulsionado por um deus propício. Conforme Hesíquio, *katà moîran* corresponde a *katà aîsan* (conforme a lei, a regra, como convém) (*Léxico* 1136, kappa), bem como a *katà trópon* (de modo adequado, conforme o caráter), *katà kairón* (de acordo com a oportunidade, oportunamente) ou *katà nómon* (conforme a lei, a regra) (*Léxico* 1272, kappa). No *Léxico Homérico* de Apolônio Sofista lê-se ainda que "a *moîra* indica o mesmo que *aîsa* – e indica a *aîsa* também o *kathêkon* (o conveniente) – cf. 'tudo *kat'aîsan* disseste, ó ilustre Menelau' – bem como a *moîra* indica também a mesma coisa, como em 'sim, sem dúvida, ó velho, isso *katà moîran*

---

1. Não concordo com Walsh (1984, p. 5), segundo o qual *líen* teria, neste caso, um sentido negativo: "em excesso", "além da medida". Ver mais comentários em Goldhill (1991, p. 58).

disseste'" (Apolônio Sofista, 15). Uma variante do último exemplo ("tudo isso, velho, *katà moîran* disseste") serve também para ilustrar o sentido de *moîra* como sinônimo de conveniente (*kathékontos*) e de articulado, ajustado (*harmózontos*), além dos significados mais conhecidos de partes (*merídon*) e de destino (*heimarménes*, cf. Apolônio Sofista, 113).

Com efeito, embora *katà moîran* se aplique em Homero também a fazer algo, a predominância absoluta se encontra na esfera de dizer algo. O primeiro grupo de usos compreende: a) "atravessar (um fosso) *oudè katà moîran*" (*Ilíada*, XVI, 367; cf. Nunes: "desordenados"; Campos: "em turba"; Lourenço: "não... de forma ordenada"; cf. Willcock, 1978, v. 2, p. 249: não "de modo ordenado"); b) escutar o rei em silêncio, *katà moîran* (*Ilíada*, XIX, 256; Willcock, 1978, v. 2, p. 276: "da maneira devida, em ordem"; cf. Nunes, "como de praxe"; Lourenço: "como é devido"; Campos não traduz a expressão); c) realizar um sacrifício *pánta katà moîran* (*Odisseia*, III, 457; cf. Nunes: "de acordo com os ritos"; Lourenço: "segundo a ordem própria"); d) aparelhar uma nau *pánta katà moîran* (*Odisseia*, IV, 783; VIII, 54; cf. Nunes: "de acordo com regras"; Lourenço: "cada coisa pela ordem certa"); e) ovelhas, cabras ou o rebanho ordenhar *pánta katà moîran* (*Odisseia*, IX, 245, 309 e 342; cf. Nunes: "como de praxe"; Lourenço: "uma de cada vez"); f) agir *ou katà moîran* (*Odisseia*, IX, 352; Nunes: "tão contrário aos costumes"; Lourenço: "vai além do absurdo"); g) cumprir uma promessa *katà moîran* (*Odisseia*, XV, 203; cf. Nunes: "dar cumprimento adequado"; Lourenço: "com lealdade fazer e cumprir"); g) dividir os bens *katà moîran* (*Odisseia*, XVI, 385; trata-se da cena em que Antínoo propõe aos demais pretendentes matar Telêmaco, dividindo seus bens entre si *de modo adequado*; cf. Lourenço: "equitativamente"; Nunes não traduz a expressão).

Na esfera dos verbos de dizer, a fórmula mais recorrente é *katà moîra éeipes* (falaste de modo conveniente, adequado ou de acordo com os fatos), o que se aplica a discursos de Nestor (*Ilíada*, I, 286, cf. Agamêmnon; VIII, 146, cf. Diomedes; XXIII, 626, cf. Aquiles), de Diomedes (*Ilíada*, IX, 59 e X, 169, em ambos os casos cf. Nestor), de Íris (*Ilíada*, XV, 200, cf. Posídon), de Príamo (*Ilíada*, XXIV, 379, cf. Hermes), de Helena (*Odisseia*, IV, 266, cf. Menelau), de Ulisses (*Odisseia*, VII, 227, cf. os feácios; XIII, 48, cf. o narrador, descrevendo a reação dos feácios e, naturalmente, usando o verbo na terceira pessoa: *katà moîran éeipe*; XXII, 486, cf. Euricleia), de Laodamante (*Odisseia*, VIII, 141, cf. Euríalo), de Atena (*Odisseia*, XIII, 385 e XX, 37, cf. Ulisses), de Penélope (*Odisseia*, XVIII, 170, cf. Eurínoma) e de Antínoo (*Odisseia*, XXI, 278, cf. a astúcia de Ulisses). O que parece é que, quando não se trata de narrativas, o sentido da expressão indica a conveniência, a adequação, a prudência de quem acaba de emitir uma opinião, dar um conselho ou fazer uma súplica; quando se trata de narrativa (como no exemplo de Helena), significa que ela foi feita de acordo com os fatos. Em apenas duas passagens *katà moîran* é empregado de forma negativa: quando Leócrito afirma que Mentor falou *ou katà moîran* (*Odisseia*, II, 251) e quando Alcínoo declara que Euríalo não se dirigiu a Ulisses *katà moîran* (*Odisseia*, VIII, 397). Mais dois verbos da esfera de dizer se registram: *katà moîran hypokrínaito* (Menelau reflete como responderia mais adequadamente à pergunta de Pisístrato relativa ao presságio revelado pela águia, *Odisseia*, XV, 170); e *mytheîtai katà moîran* (Eumeu responde a Penélope que o mendigo, isto é, Ulisses, fala com prudência).

Três ocorrências merecem atenção especial, todas na *Odisseia*, posto que reproduzem a fórmula exata utilizada por Ulisses em seu desafio a Demódoco (*katà moîran kataléxeis*), que ocupa, nos quatro casos, a mesma posição métrica, apenas com ligeira modificação da pessoa ou do modo verbal.

A primeira, numa fala de Atena a Nestor:

> ὦ γέρον, ἦ τοι ταῦτα κατὰ μοῖραν κατέλεξας,
> Ó velho, sem dúvida isso *katà moîran* contaste (*Odisseia*, III, 331),

que fecha o relato da traição de Clitemnestra, do assassínio de Agamêmnon por Egisto e da vingança de Orestes. O velho respondia a uma pergunta de Telêmaco ("ó Nestor Neleíada, dize-me a verdade", *Odisseia*, III, 247), relativa a como havia caído o atrida Agamêmnon, onde estava então Menelau, que trama havia imaginado Egisto para matar um herói como aquele, se Menelau não estava em Argos, se corria o mundo e se foi por isso que Egisto teve tamanha audácia (*Odisseia*, III, 248-252). Nestor começa então dizendo: "Certamente, pois, eu mesmo, ó filho, toda a verdade direi" (*alethéa pánt' agoreúso*, *Odisseia*,

III, 254). Prossegue especulando o que teria sucedido se, ao voltar de Troia, Menelau tivesse encontrado Egisto ainda vivo no palácio de Agamêmnon (*Odisseia*, III, 255-261), o que lhe fornece o gancho para que passe à narrativa propriamente dita, a qual percorre dois planos, a saber, o retorno de Menelau e os acontecimentos na casa do rei, seu cunhado:

> *Plano de Egisto* (1): enquanto os heróis se encontravam em Troia realizando proezas, Egisto seduzia a mulher do Atrida com palavras; ela, de início, resistia, protegida pelo aedo; mas quando a *moîra* dos deuses a fez submeter-se, Egisto conduziu o aedo a uma ilha deserta, onde o deixou como presa das aves, e levou a rainha para sua casa (*Odisseia*, III, 262-275);
>
> *Plano de Menelau* (1): retornando de Troia, Menelau para no cabo Súnio para enterrar seu piloto e em seguida é desviado da rota, indo uma das naus naufragar nas costas de Creta, enquanto cinco das restantes se viram lançadas ao Egito, onde o herói vagava "entre homens de estranha linguagem" (*Odisseia*, III, 276-302);
>
> *Plano de Egisto* (2): enquanto isso, Egisto reina em Micenas durante sete anos, depois de haver matado Agamêmnon, até que ele próprio é morto por Orestes; após ter cumprido seu feito, este último prepara um banquete pelas exéquias da mãe e de Egisto (*Odisseia*, III, 303-310);
>
> *Plano de Menelau* (2) no mesmo dia chegou Menelau (*Odisseia*, III, 311-312).

O trecho seguinte é ocupado por conselhos de Nestor a Telêmaco, para que não fique muito tempo afastado de casa e vá logo a Esparta, consultar Menelau, que seguramente não lhe dirá mentiras (*Odisseia*, III, 313-328), revelando que se entende que há uma certa paridade entre a saga de Agamêmnon e a de Ulisses, logo, também entre Orestes e Telêmaco (cf. Neves, 1987).

As duas outras ocorrências de *katà moîran katélexa* encontram-se na longa narrativa de Ulisses na corte dos feácios. Na primeira, o herói declara que Éolo

> μῆνα δὲ πάντα φίλει με καὶ ἐξερέεινεν ἕκαστα,
> Ἴλιον Ἀργείων τε νέας καὶ νόστον Ἀχαιῶν·
> καὶ μὲν ἐγὼ τῷ πάντα κατὰ μοῖραν κατέλεξα,

durante todo um mês me acolheu e interrogou sobre cada coisa –
Ílio, as naus dos argivos e a volta dos aqueus –
e eu, sim, a ele, tudo *katà moîran* contei. (*Odisseia*, X, 14-16)

Na segunda, retornando da viagem ao Hades, após ter sido recebido, junto com seus companheiros, por Circe e de gastarem todo o dia banqueteando-se, Ulisses afirma:

ἡ δ' ἐμὲ χειρὸς ἑλοῦσα φίλων ἀπονόσφιν ἑταίρων
εἷσέ τε καὶ προσέλεκτο καὶ ἐξερέεινεν ἕκαστα·
αὐτὰρ ἐγὼ τῇ πάντα κατὰ μοῖραν κατέλεξα,

ela, tomando-me a mão, longe de meus companheiros
me fez assentar, deitou-se junto e interrogou-me sobre cada coisa –
então eu, a ela, tudo *katà moîran* contei. (*Odisseia*, XII, 33-35)

Como se vê nos dois casos, Ulisses, que sem dúvida é um grande contador de histórias, afirma que contou tudo *katà moîran* (o que, nos dois trechos, Nunes traduz por "em ordem... conforme a verdade"; Lourenço: "pela ordem correta" e "pela ordem certa"). Ora, isso provavelmente significa fazê-lo como ele faz, ao dizê-lo, diante dos feácios – observação válida, sobretudo, no segundo caso, uma vez que o que o herói narra a Circe é a própria história que ocupa todo o canto XI, um relato ordenado (como ordenado é também o relato de Nestor a Telêmaco, a ponto de receber o elogio de Atena que, sendo deusa, como que atesta que, contando os episódios *katà moîran*, o velho os referiu como de fato ocorreram).

Contudo, o principal modelo do que seria *katà moîran katalégein* deve estar no canto em que Demódoco trata do *kósmos* do cavalo de madeira, posto que é na proposição do tema por Ulisses que se observa a concentração das marcas relativas ao ensinamento da Musa, ou, dito de outro modo, a prova final, após várias perfórmances do aedo, como vale a pena reler:

Δημόδοκ', ἔξοχα δή σε βροτῶν αἰνίζομ' ἁπάντων·
ἢ σέ γε Μοῦσ' ἐδίδαξε, Διὸς πάϊς, ἢ σέ γ' Ἀπόλλων·
λίην γὰρ κατὰ κόσμον Ἀχαιῶν οἶτον ἀείδεις,
ὅσσ' ἔρξαν τ' ἔπαθόν τε καὶ ὅσσ' ἐμόγησαν Ἀχαιοί,

ὥς τέ που ἢ αὐτὸς παρεὼν ἢ ἄλλου ἀκούσας.
ἀλλ' ἄγε δὴ μετάβηθι καὶ ἵππου κόσμον ἄεισον
δουρατέου, τὸν Ἐπειὸς ἐποίησεν σὺν Ἀθήνῃ,
ὅν ποτ' ἐς ἀκρόπολιν δόλον ἤγαγε δῖος Ὀδυσσεὺς
ἀνδρῶν ἐμπλήσας, οἵ Ἴλιον ἐξαλάπαξαν.
αἴ κεν δή μοι ταῦτα κατὰ μοῖραν καταλέξῃς,
αὐτίκα καὶ πᾶσιν μυθήσομαι ἀνθρώποισιν,
ὡς ἄρα τοι πρόφρων θεὸς ὤπασε θέσπιν ἀοιδήν.

Demódoco, acima de todos os mortais te venero!
Ou a ti a **Musa ensinou (*edídaxe*)**, filha de Zeus, ou a ti ensinou Apolo,
Pois tão *katà kósmon* o infortúnio dos aqueus cantas,
Quanto fizeram e sofreram, e quanto se esforçaram os aqueus,
Como se algures tu próprio estivesses presente, ou de um outro tivesses ouvido!
Mas vamos! Muda então e o ***kósmon* do cavalo** canta,
De madeira, que Epeio fez com Atena,
O qual então para a acrópole, com dolo, conduziu o divo Ulisses,
De heróis cheio, os quais Ílio pilharam!
Se então essas coisas ***katà moîran* me contares**,
Logo eu próprio direi a todos os homens
Que sem dúvida um deus propício te dá como companhia o canto divino.
(*Odisseia*, VIII, 487-498)

O narrador imediatamente prossegue, afirmando que, "impulsionado por um deus" (*hormetheìs theoû*), o aedo principia o canto: a) tomando do ponto em que os aqueus partiam, tendo subido nas naus e posto fogo nas tendas; b) entretanto, ao lado de Ulisses, os chefes estavam na praça de Troia, ocultos no cavalo que os próprios troianos haviam introduzido na cidade; c) em torno dele os troianos discutem o que fazer, decidindo guardá-lo como uma oferenda que agrada os deuses; d) na sequência, o aedo canta o saque perpetrado pelos aqueus, que saíram da emboscada do cavalo, esclarecendo a qual parte da cidade cada qual se dirigiu – e especialmente como Ulisses acompanhou Menelau até o palácio de Deífobo, vencendo um inimigo com a ajuda de Atena (*Odisseia*, VIII, 500-520).

Nada parece impedir que, no trecho citado, entendamos que *katà kósmon* se tome como equivalente de *katà moîran* e, embora se possa admitir o sentido mais genérico (de acordo com a conveniência), parece ser mais acertado compreender ambas as expressões com o significado de *conforme uma certa ordenação, parte por parte*, até porque o próprio episódio do cavalo constitui um *kósmos*, isto é, contém uma certa ordem, cuja observância garantiria a assistência divina ao aedo. Vale lembrar que a expressão *katà moîran*, aplicada ao discurso, é bastante rara fora de Homero, não ocorrendo em outros textos antes do período helenístico (como, dentre os pouquíssimos exemplos, nos *Oráculos Sibilinos*, 3, 517: *tí dè katà moîran hékaston exaudôi?*).

Em segundo lugar, cumpre admitir que quem canta (ou, mais exatamente: *katalégei*, isto é, conta) um entrecho *katà kósmon* ou *katà moîran*, como faz Demódoco, pode dever sua habilidade a uma multiplicidade de fatores, e não unicamente à assistência da Musa, a saber: a) pode ter visto, ele próprio, o que conta; b) pode ter ouvido de um outro (que, supõe-se, viu ou teve a assistência divina ao contar); c) é ensinado pela Musa; d) é ensinado por Apolo; e) é acompanhado por algum outro deus.

De fato, a primeira alternativa parece que se aplica, na *Odisseia*, não propriamente a cantos, mas a narrativas, como as que Ulisses faz a Éolo e Circe; nessa esfera, há ainda uma segunda possibilidade, narrar-se algo por ter ouvido de outro, como parece que faz Nestor ao relatar a morte de Agamêmnon a Telêmaco, pois não consta que ele estivesse presente aos entrechos (e poderia tê-los ouvido de Menelau ou de outro informante qualquer). Seja como for, tanto o ter visto quanto o ter ouvido podem servir de base também para cantos, podendo um aedo cantar *katà kósmon* ou *katà moîran* porque viu os feitos ou os ouviu de outro (não necessariamente de outro aedo). O importante é notar como, nesse nível, o aedo não se separa de outros narradores, ou seja, ter visto ou ter ouvido de quem viu parece garantia suficiente de que se possa tanto narrar quanto cantar *katà kósmon* ou *katà moîran*.

Já a esfera coberta pelas três últimas alternativas – ser ensinado pela Musa, por Apolo ou acompanhado por algum outro deus – parece exclusiva do aedo. O que a torna, portanto, diferente das anteriores é que, nela, o ensinamento ou acompanhamento divino faz com que o aedo possa prescindir do ver ou ouvir de outro, ou, dizendo com mais exatidão, ser ensinado ou acompanhado por um deus equivale a ter visto ou ter ouvido de um outro. A questão principal, contudo, não é essa, mas sim a que se poderia assim formular: como avaliar se o aedo, em determinada circunstância, conta com a assistência divina?

Observemos que o processo de atestação da veracidade das narrativas do aedo não parece diferente do relativo a outras narrativas, pelo menos na *Odisseia*: do mesmo modo que Atena afirma que Nestor narrou a história de Egisto e Menelau *katà moîran*, a partir da autoridade divina de quem, por suposto, presenciou os fatos, Ulisses atesta, com a autoridade de quem tomou parte nos feitos, que também Demódoco canta *katà kósmon* os infortúnios dos aqueus e, com suas lágrimas, confirma que o episódio do cavalo se apresentou *katà moîran*, conforme o desafio que propusera. Como afirmou Hartog (2001, p. 36), a propósito da última cena, "Ulisses ocupa, ao mesmo tempo, a função de objeto da narrativa e de testemunha (o *superstes* latino, o sobrevivente)", no contexto dessa que seria "a primeira narração do 'acontecimento'" e "a primeira narrativa 'histórica'". Todavia, o que permite equiparar as duas atestações mencionadas é que ambos, Atena tanto quanto Ulisses, movem-se no universo das personagens cujas sagas se transmitem, ou seja, em grande medida o que eles atestam é que o *kléos* próprio ou alheio goza de fidedignidade. Pelo mesmo motivo, o próprio Ulisses pode atestar que contou tudo *katà moîran* a Éolo e a Circe, como quem detém as prerrogativas de autoridade para fazer uma declaração desse tipo – ainda que seja uma atestação circular, em que é o próprio contador quem atesta que bem contou.

Ora, na ausência de personagens privilegiadas como Ulisses e Atena, o julgamento do desempenho do aedo, por parte do público, parece que dependerá de um único indício, não diferente daquele em que se baseia o juízo de quem circula tanto no universo narrativo quanto extranarrativo: o próprio canto que, se assistido pelos deuses, se faz *katà kósmon* e *katà moîran*. Ou seja, é nisso que a assistência divina se comprova, assim é que a Musa se manifesta e é por isso que quem não viu pode falar como quem viu (fazendo com que "a visão humana" se torne "o padrão da visão divina", cf. Hartog, 2001, p. 37). Então se entende por que é, sobretudo, na abertura de catálogos que o poeta invoca a Musa. No catálogo, com efeito, é que se percebe melhor o que é *katà moîran* (ou *katà kósmon*) *katalégein* – e, recorde-se, é um deverbal de *katalégein* o próprio termo *katálogos*, que, embora não registrado nas épocas mais antigas, se consagrará para designar o "catálogo das naus" (*neôn katálogos*) da *Ilíada*, ou o "catálogo de mulheres" (*gynaikôn katálogos*) de Hesíodo. Ainda que esse tipo de denominação seja posterior,[2] ainda assim não parece que o termo careça de motivação, uma vez que expressa um reconhecimento de que é nos catálogos que mais concretamente se *conta*, no sentido de que se narra enumerando ou de que é então que melhor se verifica a coalescência entre narrativa e enumeração.

Helena

Detenhamo-nos um momento na narrativa de Helena (acima apenas referida), por duas razões: como vimos, Menelau observa, ao final da mesma, que "sem dúvida tudo isso, ó mulher, *katà moîran* disseste" (*Odisseia*, IV, 266); por seu lado, ao iniciar seu relato, é a própria Helena quem declara que contará coisas razoáveis ou convenientemente (*eoikóta gàr kataléxo*, *Odisseia*, IV, 239). Assim, ainda que sem reproduzir-se a fórmula exata de Ulisses em seu desafio a Demódoco (*katà moîran kataléxeis*), encontramo-nos na mesma esfera: *contar* (*katalégein*) algo *katà moîran*.

A narrativa se insere no episódio da visita de Telêmaco a Menelau, em busca de notícias do pai. No fim do dia, Helena, após ter misturado ao vinho o *phármakon* que lhe dera a egípcia Polidamna, mulher de Ton, cuja propriedade é apaziguar toda dor (*Odisseia*, IV, 219-234), propõe, ao marido e aos demais "filhos de heróis valorosos" presentes, que, no

2. O termo se encontra registrado pela primeira vez em autores do século V a.C., nomeadamente em Aristófanes, Xenofonte e Tucídides – no último caso com referência ao *neôn katálogos* homérico.

salão, se alegrem com discursos, dispondo-se ela própria a fazer uma narrativa que, sem dúvida, os alegrará, com estas palavras:

> ἦ τοι νῦν δαίνυσθε καθήμενοι ἐν μεγάροισι
> καὶ μύθοις τέρπεσθε· ἐοικότα γὰρ καταλέξω,
>
> e agora, sim, festejai assentados no salão
> e com discursos (*mýthois*) alegrai-vos, pois coisas convenientes contarei (*eoikóta kataléxo*). (*Odisseia*, IV, 238-239)

A expressão *eoikóta kataléxo* permitiria pelo menos duas leituras, considerando-se a esfera semântica de *éoika* em Homero: de um lado, assemelhar-se, de outro, ser conveniente; poderíamos ainda ler *eoikóta* como um substantivo ou como um advérbio, em qualquer um dos casos enquanto um determinante de *kataléxo*. Assim, ou a declaração de Helena refere-se à situação (*contarei coisas convenientes para a situação de homens que se alegram com discursos*) ou ao próprio conteúdo de sua narrativa (*contarei coisas de tal modo narradas que alegrarão os que as ouvem*).

No canto III, o mesmo particípio de *éoika* é aplicado a Telêmaco, quando Nestor comenta a semelhança do jovem com Ulisses, dizendo-lhe:

> ...σέβας μ' ἔχει εἰσορόωντα.
> ἦ τοι γὰρ μῦθοί γε ἐοικότες, οὐδέ κε φαίης
> ἄνδρα νεώτερον ὧδε ἐοικότα μυθήσασθαι.
>
> ...vendo-te, sou tomado de espanto,
> pois sem dúvida as palavras são semelhantes (*mythoí ge eoikótes*), nem se diria
> um homem mais novo assim tão semelhantemente falar (*eoikóta mythésastai*). (*Odisseia*, III, 123-125)

Sem dúvida que, aqui, a ideia de semelhança prevalece, pelo menos no primeiro dos versos citados, pois trata-se de reconhecer o quanto a fala de Telêmaco se assemelha à de Ulisses. Esse sentido está presente também no primeiro comentário da própria Helena, ao contemplar Telêmaco:

ψεύσομαι ἦ ἔτυμον ἐρέω; κέλεται δέ με θυμός.
οὐ γάρ πώ τινά φημι ἐοικότα ὧδε ἰδέσθαι
οὔτ' ἄνδρ' οὔτε γυναῖκα, σέβας μ' ἔχει εἰσορόωσαν,
ὡς ὅδ' Ὀδυσσῆος μεγαλήτορος υἷι ἔοικε,
Τηλεμάχῳ...

Mentirei ou direi a verdade? Move-me o coração,
pois digo jamais uma semelhança (*eoikóta*) assim ter visto
nem em homem, nem em mulher – vendo-o, sou tomada de espanto
(*sébas m' ékhei eisoróosan*) –
do modo como este se assemelha (*éoike*) ao filho de Ulisses magnânimo,
Telêmaco... (*Odisseia*, IV, 140-144)

Menelau, por seu turno, insiste igualmente na semelhança, afirmando que ela se expressa nos pés, nas mãos, no olhar penetrante, na cabeça e nos cabelos do jovem (*Odisseia*, IV, 148-150).

Já no segundo verso referido da fala de Nestor, o sentido poderia resvalar, pois se o discurso do jovem se assemelha ao do pai, isso implica também que fale de modo conveniente, pois essa é uma das características de Ulisses mais destacadas ao longo do poema (aspecto que interessa especialmente a Nestor, igualmente prudente com as palavras): assim, tanto se deve entender que Telêmaco fala coisas semelhantes às que Ulisses falava quanto que fala coisas convenientes, entendendo-se que semelhança e conveniência têm um ponto de contato numa sorte de *adaptação*, respectivamente, àquilo a que alguém ou algo se assemelha ou à situação em que alguém ou algo se encontra. De fato, quem observa uma semelhança, como que coloca duas imagens uma sobre a outra e estuda sua mútua adaptação, o que Menelau parece fazer ao referir-se aos membros, à cabeça, aos cabelos e ao olhar de Telêmaco, cuja figura convém com a imagem que a memória guarda de Ulisses.

O mesmo raciocínio poderia, decerto, ser feito com relação à fala de Helena, com a precaução de que, neste caso, se trata de uma narrativa: a heroína narra, sim, um entrecho *adaptado* à situação, mas também sua narrativa *adapta-se* ao acontecido – e seria, sobretudo, por isso que se justificaria Menelau reconhecer que ela falara *katà moîran*. Com efeito, ela constrói assim sua história:

a) principia com variante da fórmula que encontramos, na boca do poeta, na invocação que precede o catálogo das naus (*plethyn d' ouk àn egò mythésomai oud' onoméno, Ilíada*, II, 488), o que se pode considerar, sem dúvida, um recurso retórico que parece servir para dar uma atestação suplementar de autoridade, aparentemente buscada pela narradora:

πάντα μὲν οὐκ ἂν ἐγὼ μυθήσομαι οὐδ' ὀνομήνω,
ὅσσοι Ὀδυσσῆος ταλασίφρονός εἰσιν ἄεθλοι

tudo eu não poderia dizer nem nomear,
quantas são as proezas do valente Ulisses (*Odisseia*, IV, 240-241);

b) prossegue indicando a escolha que faz, a de narrar apenas um dos feitos do herói durante a guerra (*Odisseia*, IV, 242-243);

c) inicia propriamente a narrativa, contando como Ulisses, disfarçado, penetrou em Troia, enganando todos (*Odisseia*, IV, 244-250);

d) relata como apenas ela própria não se deixou enganar, como o banhou, ungiu e vestiu, confirmando assim sua identidade e jurando não revelar sua presença na cidade até que ele tivesse voltado às naus dos aqueus (*Odisseia*, IV, 250-255);

e) então, ela continua, "ele me contou (*katélexen*) todo plano (*pánta nóon*) dos aqueus" (*Odisseia*, IV, 256);

f) após ter matado muitos troianos, ele regressou para junto dos argivos, transmitindo-lhes o que tinha sabido (*Odisseia*, IV, 257-258);

g) em consequência da chacina, as mulheres troianas choravam, continua Helena,

...αὐτὰρ ἐμὸν κῆρ
χαῖρ', ἐπεὶ ἤδη μοι κραδίη τέτραπτο νεέσθαι
ἂψ οἶκόνδ', ἄτην δὲ μετέστενον, ἣν Ἀφροδίτη
δῶχ', ὅτε μ' ἤγαγε κεῖσε φίλης ἀπὸ πατρίδος αἴης,
παῖδά τ' ἐμὴν νοσφισσαμένην θάλαμόν τε πόσιν τε
οὔ τευ δευόμενον, οὔτ' ἄρ φρένας οὔτε τι εἶδος,

...enquanto meu íntimo
se alegrava, posto que meu coração já anelava partir

de volta para casa, lamentando a loucura que Afrodite
me incutira, quando me conduziu para lá, afastando-me de minha pátria,
após minha filha abandonar, o tálamo e um esposo
que a ninguém é inferior nem em espírito, nem em aspecto. (*Odisseia*, IV, 259-264)

Trata-se de uma fala astuta, que Menelau reconhece ter sido feita *katà moîran*: o trecho narrativo, com efeito, encontra-se enquadrado tanto pela abertura enfática, que recorre a estratégias retóricas de autorização, quanto pelo fecho não menos retórico, que insiste na fidelidade de Helena aos aqueus e em seu arrependimento por ter-se entregue à loucura (*áte*) que lhe infundiu Afrodite. A abertura ("tudo eu não poderia dizer nem nomear") sem dúvida configura uma fórmula da tradição épica consagrada e intencionalmente escolhida (porque registrada, também, como se assinalou, na abertura do catálogo das naus), sendo significativo que tenha migrado da boca do poeta da *Ilíada* para a de Helena (personagem da *Odisseia*), como se esta a tivesse *ouvido* de algum aedo, ou como se a tivesse *ouvido* do próprio Homero. O discurso da que viu e conta o que viu busca autorizar-se, portanto, com o discurso do aedo. Assim, entende-se que a narrativa pretenda agir como auxiliar do *phármakon* astutamente ajuntado ao vinho, tendo uma função de encantamento e apaziguamento (como parece ter o canto do aedo). Num certo sentido, a declaração de Menelau comprova sua veracidade – com base no fato de que tudo se disse *katà moîran* – único critério que lhe pode dar credibilidade, posto que se trata de fatos de que apenas a própria Helena pode dar testemunho, pelo menos enquanto Ulisses permanecer num local ignoto.

Ora, se a declaração de Menelau parece destinada à atestação de veracidade, não se pode deixar de ressaltar que tem um certo tom irônico, pois ele logo referirá o entrecho do cavalo de madeira, quando, os heróis estando em seu interior, Helena se aproximou, movida por algum *daîmon* que queria dar glória (*kydos*) aos troianos: ela, então, por três vezes, rodeou o cavalo, chamando pelos nomes os chefes dos dânaos e imitando a voz de suas esposas; aos que estavam a ponto de deixar-se enganar, Ulisses continha, tapando mesmo, com as duas mãos, a boca de Anticlo (*Odisseia*, IV, 271-289). Assim, a declaração final daquela que se dizia, antes disso, arrependida da fuga e fiel aos aqueus não parece autêntica, ainda que ela tenha falado *katà moîra*. Mais ainda: a mesma dúvida paira, portanto, com relação à narrativa propriamente dita, mesmo que Helena, como anunciara, tenha contado convenientemente (*eoikóta kataléxo*). Observe-se bem a consequência disso: não se podendo ter certeza sobre a fidelidade do discurso aos fatos, a observação de Menelau parece dizer respeito, antes, a uma certa *verossimilhança* que, sem dúvida, não se pode negar ao que Helena conta, porque é *katà moîran* que ela o faz. Há indícios de que seu discurso não seja verdadeiro, em sentido estrito - o que, aliás, não pode mesmo ser testado, pois se trata do relato de uma testemunha cujas declarações não têm como ser contrapostas às de outras - mas não se pode negar que ela narra *eoikóta* (acontecimentos verossímeis). Há uma grande possibilidade de que se trate de um discurso fictício que, enquanto tal, guarda com o verdadeiro uma relação de semelhança, permitindo aos ouvintes o reconhecimento das marcas de veracidade intencionalmente ressaltadas.

Ulisses

Não há melhor contador de histórias do que Ulisses - e não só para Homero, como para todos os gregos, nem sempre pelos mesmos motivos: conforme Políbio, num ataque contra os historiadores de gabinete, porque se trata de um "homem de ação" (*andra... pragmatikón*) que "muitíssimo vagueou", "de muitos homens viu as cidades e o espírito conheceu", sofrendo dores no mar e experimentando "os combates dos homens", ao contrário do que fez Timeu (que preferiu a investigação por meio dos livros, o que se faz "sem riscos e sem sofrimentos, caso se tenha a intenção de abordar uma cidade que disponha de um vasto registro de memórias ou de uma biblioteca nos arredores". *Histórias*, 12, 27-28); segundo Luciano, porque Ulisses é o "príncipe e mestre" (*arkhegòs ... kaì didáskalos*) de todos os "poetas, historiadores e filósofos que nos deixaram obras fantásticas e cheias de imaginação", como Ctésias de

Cnido, "que escreveu a respeito da Índia e de suas curiosidades, coisas que ele próprio nem testemunhara, nem ao menos tinha ouvido da boca de pessoa fidedigna", ou Iambulo, que "escreveu muita coisa fabulosa sobre o grande mar, com o que fabricou uma mentira que não engana ninguém" – e destaque-se que não se trata, neste caso, de um Ulisses qualquer, mas do

> Ulisses de Homero, o qual, na corte de Alcínoo, contou histórias de ventos aprisionados, de seres de um olho só, de canibais e de povos selvagens, enfim, de animais de muitas cabeças e da metamorfose dos seus companheiros por ação de drogas, tudo patranhas que ele impingiu aos parvos dos feácios. (*Histórias verdadeiras*, 1, 2-3)

Essa função de Ulisses enquanto narrador continua a intrigar os comentadores modernos:

> Ulisses não é um aedo. Pois não é a Musa que o ensina: ele suportou em seu corpo e viu com seus próprios olhos tudo que conta. Fala na primeira pessoa, dando-se a si mesmo como única garantia do que diz (donde também a questão da mentira), enquanto o aedo recorre sempre à terceira, pondo-se sob a autoridade das Musas que, elas sim, estavam presentes. Mas as Musas, filhas de Zeus e da Memória, estão 'ausentes' no espaço das 'narrativas' de Ulisses, ou, mais ainda, as únicas Musas que o cruzam são as Sereias, que, no entanto, são Musas da morte e do esquecimento: são contra-Musas. (Hartog, 2003)

Entretanto, ainda que, tecnicamente falando, Ulisses não seja um aedo, pois nada indica que profira uma narrativa cantada, seja nas passagens em que ele próprio aplica a seu desempenho a expressão *katà moîran katalégein*, seja em qualquer outro ponto do poema, sua longa intervenção na corte dos feácios é aproximada, por Alcínoo, da destreza dos aedos, nestes termos:

> ὦ Ὀδυσεῦ, τὸ μὲν οὔ τί σ' ἐΐσκομεν εἰσορόωντες
> ἠπεροπῆά τ' ἔμεν καὶ ἐπίκλοπον, οἷά τε πολλοὺς
> βόσκει γαῖα μέλαινα πολυσπερέας ἀνθρώπους
> ψεύδεά τ' ἀρτύνοντας, ὅθεν κέ τις οὐδὲ ἴδοιτο·

σοὶ δ' ἔπι μὲν μορφὴ ἐπέων, ἔνι δὲ φρένες ἐσθλαί,
μῦθον δ' ὡς ὅτ' ἀοιδὸς ἐπισταμένως κατέλεξας.

Ó Ulisses, em nada estimaríamos, observando-te,
seres trapaceiro e enganador, como tantos
nutre a negra terra, homens espalhados por toda parte,
os quais aparelham mentiras (*pseúdea*) que ninguém veria.
Que forma a de tuas palavras, fruto de uma mente sagaz:
a história (*mython*), tal qual um aedo, sabiamente contas (*epistaménos katélexas*). (*Odisseia*, XI, 363-368)

Essas palavras de Alcínoo se encontram sintomaticamente no rápido diálogo que interrompe o catálogo daqueles que Ulisses viu no Hades (mais exatamente o catálogo das mulheres), não deixando de ser especialmente a este entrecho que se aplicam, bem como, do mesmo modo, ao que se segue, dedicado aos principais guerreiros que foram a Troia:

ἀλλ' ἄγε μοι τόδε εἰπὲ καὶ ἀτρεκέως κατάλεξον,
εἴ τινας ἀντιθέων ἑτάρων ἴδες, οἵ τοι ἅμ' αὐτῷ
Ἴλιον εἰς ἅμ' ἕποντο καὶ αὐτοῦ πότμον ἐπέσπον.

Mas vamos, dize-me isto e com precisão conta
se alguns dos divinos companheiros viste, os que te
seguiram a Ílio e seu fado encontraram. (*Odisseia*, XI, 370-372)

A sequência descreve o encontro e diálogo com Agamêmnon, seguido daquele com Aquiles, em que o *contar com precisão* ressoa nos versos 456-457 (em que Agamêmnon repete a fórmula acima citada: "mas vamos, dize-me isto e com precisão conta / se ouviste que meu filho vive e onde...") e em 492 (em que também Aquiles pede notícias do filho: "mas vamos, de meu ilustre filho dá notícia – *mython eníspes*). É significativo que ao primeiro Ulisses declare ser incapaz de dar qualquer notícia de Orestes (v. 463-464), o que mostra que *contar com precisão* depende do conhecimento seguro que se tenha de um fato. Já a Aquiles, Ulisses responde que não pode também dar notícias de Peleu, seu pai, por não ter sabido nada sobre ele, informando, contudo, no que concerne a Neoptólemo, que pode contar a verdade (*pâsan aletheíen mythésomai*, v. 507): trata-se, então, do relato dos feitos do jovem na guerra, incluindo sua presença e comportamento no interior do cavalo de madeira e no ataque e saque final de Troia (v. 508-537). Portanto, a narrativa sobre Neoptólemo integra o conjunto dos relatos sobre os últimos lances da guerra, de que Ulisses foi testemunha e com relação ao que se mostra excelente narrador, tão excelente quanto Demódoco.

Uma segunda equiparação de Ulisses a um aedo encontra-se, todavia, em ambiente diverso. Trata-se de comentário de Eumeu a propósito de seu amo (que, no palácio, se apresenta sob o disfarce de um mendigo), após Penélope ter-lhe ordenado que traga este último à sua presença, para que o interrogue a respeito do marido ausente (ou seja, esse breve entrecho prepara a cena, que se desenrolará mais tarde, já caída a noite, em que Ulisses se apresenta à esposa como o cretense Éton, provando que sabe dizer *pseúdea pollà etymoisin homoîa*). As palavras de Eumeu são as seguintes:

εἰ γάρ τοι, βασίλεια, σιωπήσειαν Ἀχαιοί·
οἷ᾽ ὅ γε μυθεῖται, θέλγοιτό κέ τοι φίλον ἦτορ.
τρεῖς γὰρ δή μιν νύκτας ἔχον, τρία δ᾽ ἤματ᾽ ἔρυξα
ἐν κλισίῃ· πρῶτον γὰρ ἔμ᾽ ἵκετο νηὸς ἀποδράς·
ἀλλ᾽ οὔ πω κακότητα διήνυσεν ἣν ἀγορεύων.
ὡς δ᾽ ὅτ᾽ ἀοιδὸν ἀνὴρ ποτιδέρκεται, ὅς τε θεῶν ἒξ
ἀείδῃ δεδαὼς ἔπε᾽ ἱμερόεντα βροτοῖσι,
τοῦ δ᾽ ἄμοτον μεμάασιν ἀκουέμεν, ὁππότ᾽ ἀείδῃ·
ὣς ἐμὲ κεῖνος ἔθελγε παρήμενος ἐν μεγάροισι.

Se pois, ó rainha, fizessem silêncio os aqueus,
quanto ele não diria, alegrando-te o coração!
Por três noites e três dias o retive em meus
aposentos, pois primeiro veio a mim, fugindo de uma nau,
mas suas desventuras não acabou de falar.
Tal qual um homem contempla um aedo que, pelos deuses
ensinado, cante versos encantadores para os mortais
e sem cessar anseia escutá-lo enquanto ele cante,
assim ele me fascinou estando em minha casa. (*Odisseia*, XVII, 513-521)

O que há de importante no comentário de Eumeu é o fato de que se refira ao chamado "conto cretense" que Ulisses lhe relatara, ou seja, narrativas fingidas (*pseúdea etýmoisin homoîa*) que, nem por sê-lo, se afastam das do aedo "pelos deuses ensinado". Existem, assim, certos traços narrativos que fazem com que os diferentes relatos de Ulisses, sejam os verdadeiros, sejam os inventados, não se distingam, provocando no recebedor os mesmos efeitos – em tudo similares aos provocados pelos cantos dos aedos que, como Demódoco, contam os feitos *katà moîran*. Seria razoável supor que o mais relevante desses traços seja justamente a narração ordenada, de que não só o episódio da catábase ao Hades é um bom exemplo (com a sucessão bem marcada por expressões como "e então em seguida vi...", próprias de quem *katalégein*), pois a mesma técnica narrativa se deixa perceber com clareza em todas as outras narrativas de Ulisses.

Com efeito, ao incitá-lo a falar, Alcínoo utiliza a fórmula (considerada interpolada, neste ponto, por alguns editores)

> ἀλλ' ἄγε μοι τόδε εἰπὲ καὶ ἀτρεκέως κατάλεξον,
>
> mas vamos, diz-me isto e com precisão conta (*Odisseia*, VIII, 572),

enquanto Ulisses abre seu longo discurso com a seguinte pergunta (sobre cuja autenticidade não pairam dúvidas):

> τί πρῶτόν τοι ἔπειτα, τί δ' ὑστάτιον καταλέξω;
>
> o que em primeiro lugar, o que em seguida, o que por fim contarei? (*Odisseia*, IX, 14)

Como se vê, *katalégein* é uma função importante – e parece que se encontra relacionado com a ordenação de uma determinada sequência (o que primeiro, o que em seguida, o que por último), sequência que não necessariamente se reduz a mera sucessão cronológica no nível do enunciado, mas parece, principalmente, voltada para a enunciação. Tanto é assim que, tomando imediatamente a decisão mais importante com relação a seu relato (o que primeiro *katalégein*), Ulisses principia:

> νῦν δ ὄνομα πρῶτον μυθήσομαι,
>
> e agora primeiro meu nome direi (*Odisseia*, IX, 16),

decisão que implica numa marca de gênero forte, identificando toda a fala que seguirá como um discurso baseado na memória, e não na Musa, ou seja, trata-se de um discurso assinado, autorizado por um nome e voltado para entrechos que, por serem desconhecidos até aquele momento, ainda não fazem parte dos *kléa andrôn* (mesmo que o *kléos* de Ulisses, enquanto astucioso, chegue até os céus, cf. *Odisseia*, IX, 19-20). De fato, ao abrir assim seu relato, por mais que a técnica de Ulisses se aproxime da que é própria do aedo, com ela não se confunde, pois estabelece-se uma distinção de princípio: o aedo não começa jamais declinando seu nome, sua origem e identidade, mas celebra seu contrato com a Musa e com o público. Na cena da corte de Alcínoo, a operação narrativa não tem mais que dois operadores – o narrador e seu público – sendo desnecessária a intervenção da Musa, pois Ulisses fala do que viu e experimentou (e, nesse sentido, de fato, apresenta-se como *arkhegós* do historiador).

A organização do relato que prescinde da Musa também tem suas regras, paralelas às de seu correlato, sendo necessário, antes de tudo, indicar o ponto de partida, neste caso, a cidade de Troia:

> εἰ δ' ἄγε τοι καὶ νόστον ἐμὸν πολυκηδέ' ἐνίσπω,
> ὅν μοι Ζεὺς ἐφέηκεν ἀπὸ Τροίηθεν ἰόντι.
>
> se é assim, então vamos, também meu retorno sofrido direi,
> o qual Zeus me impôs, **partindo eu de Troia**. (*Odisseia*, IX, 37-38)

É provável que justamente por se tratar de um *nóstos* (um *retorno*), enquanto gênero de discurso, as marcas de procedência espacial tenham tanta relevância, ao lado das temporais (tanto quanto teriam no relato de um geógrafo). Em consonância com isso, o termo que abre o *nóstos* propriamente dito é *Iliόthen* (a partir de *Ílio*, *Odisseia*, IX, 39), um ablativo posto na primeira posição do verso, que repercute o último hemistíquio do verso anterior, produzindo um efeito forte. Num sentido espacial, a organização do discurso de Ulisses entre os feácios pode ser definida assim: a partir de Troia até tal lugar, donde até tal outro lugar e daí a tal outro lugar ainda... Sobretudo nos primeiros cem versos, que têm um ritmo mais acelerado, a ocorrência de *éntha* (aí) e, sobretudo, de *énthen* (daí) é destacável: partindo de Ílio (*Iliόthen*), fui levado à terra dos cícones; aí (*éntha*) pilhei a cidade e destruí os habitantes; aí (*éntha*) queria que fugíssemos a pé, mas os néscios de meus companheiros não se convenceram; aí (*éntha*) bebemos muito vinho; etc. (*Odisseia*, IX, 39, 40, 43 e 45, respectivamente). É intencionalmente que traduzi *éntha* sempre por *aí*, deixando que resvale do sentido espacial (naquele lugar), para o temporal (então), o que é possível em grego tão bem quanto em português.

O episódio seguinte se abre com *énthen* (*daí* primeiro navegamos com o coração apertado, *Odisseia*, IX, 62), em que o sentido espacial – da terra dos cícones – já se mescla com o temporal, pela ocorrência de *protéro* (primeiramente). Mais adiante, de novo *éntha* (na terra em que aportaram para escapar do Bóreas), mesclado com o registro do tempo (por duas noites e dois dias ficamos, *Odisseia*, IX, 72), o que serve para dar a deixa de que ao terceiro dia retomaram a navegação (*Odisseia*, IX, 73) até serem afastados de Citera pela correnteza do cabo de Maleia e pelo Bóreas: daí (*énthen*), durante nove dias, fomos levados pelos ventos... e no décimo (*autàr dekátei*) atingimos a terra dos lotófagos (*Odisseia*, IX, 82-84). Mais adiante, de novo ocorre a mesma fórmula do verso 62 (*daí* primeiro navegamos com o coração apertado, *Odisseia*, IX, 105), para registrar que atingiram então a terra dos ciclopes.

A esses marcadores narrativos associa-se uma extensa série de referências numéricas, relacionadas com a contagem dos dias ou, no caso da descrição da terra dos ciclopes, com os números relativos ao rebanho de cabras etc. – o que só parece confirmar a coalescência entre narrar e contar. Em princípio, o procedimento de Ulisses não parece ser diferente do que se faz no restante da *Odisseia*, como demonstrado por Delebecque. Ainda que a contagem dos quarenta dias que cobrem os episódios do primeiro ao vigésimo terceiro canto não se dê na narrativa aos feácios de forma tão marcada (cf. Delebecque, 1980, p. 74-80), o importante é perceber que as marcas enunciativas da *contagem*, em termos de sucessão dos eventos, e não simplesmente de contabilidade dos dias, se encontram presentes no chamado "grande conto", que cobre uma extensão temporal muito mais ampla que a da *Odisseia* em seu conjunto.

Ora, que se trata, em qualquer dos casos, de uma estratégia narrativa fica patente quando se consideram os entrechos inventados por Ulisses:

> ao longo de sua primeira noite na casa de Eumeu, ele se compraz em inventar um longo conto de Ulisses cretense (XIV, 191-408) e exibe uma aparente precisão, referindo-se a oito dias de tempestade, à tomada de Troia no décimo ano da guerra, a sete anos no Egito e a um ano na Fenícia: cronologia em que a ficção se mescla com o real, mas que, no fim das contas, se adapta às datas requeridas pelo desaparecimento de Ulisses. (Delebecque, 1980, p. 81)

De fato, não está em questão um eventual contraponto entre cronologia fictícia e cronologia "real", mas o reconhecimento de que a história contada a Eumeu é convincente justamente porque usa as estratégias que a fazem semelhante a fatos autênticos. O "conto de Ulisses cretense" nos interessa de perto, pois vimos como é em vista dele que Eumeu aproxima o herói dos aedos.

6

FICÇÕES

O relato a Eumeu nos interessa de perto porque justamente aí encontramos o exemplo mais claro de um discurso fictício no interior da *Odisseia*: se é lícito especular sobre o grau de verdade das histórias contadas pelo herói aos feácios (da credulidade mais ingênua à reviravolta de Luciano), se podemos também duvidar da sinceridade de Helena no relato da expedição do mesmo herói pelo interior de Troia ou da veracidade dos *nóstoi* que Fêmio entoa para os pretendentes, no conto a Eumeu (e também no dirigido a Penélope) não há margens para dúvidas de que Ulisses se entrega à mais pura invenção.

Com efeito, seria necessário admitir graus de ficcionalidade diferentes nos diversos momentos em que ele exerce sua capacidade para criar histórias. O dilema de Helena – "mentirei ou direi a verdade?" – parece uma efetiva simplificação de relações muito mais complexas, como ela própria demonstra ao *dizer a verdade* narrando uma história, no mínimo, suspeita de mentira. Como Ulisses, na expressão de Luciano, é o próprio *arkhegós* de todas as formas de ficção – das narrativas de maravilhas e fábulas aos relatos de viagens não realizadas e à descrição de lugares nunca vistos e dos quais nunca o que narra ouviu falar por outrem (*Narrativas verdadeiras*, I, 3) – convém, minimamente, situar o que estaremos entendendo aqui por esse termo, não perdendo de vista que a fronteira entre o que seria o relato "verdadeiro" de Ulisses (aos feácios – repetido no final a Penélope) e seus relatos falsos é incerta: como anota Goldhill (1991, p. 47), "nos escritores antigos, a discussão sobre a verdade e a falsidade, no que concerne à *Odisseia*, centra-se, em particular, na narrativa aos feácios" – e "desde Eratóstenes, a errância de Ulisses era vista, no mínimo por alguns críticos, como um relato meramente fantástico e mentiroso". Nossa questão, portanto, deve ser formulada de um modo mais incisivo: não apenas o que entendemos por ficção estará em causa, mas a própria possibilidade de estabelecerem-se fronteiras entre o verdadeiro e o ficcional, sabendo que isso deve ser possível sob o risco de tornar indiferentes essas categorias de discurso e, por consequência, fazer sem sentido as teorizações sobre as mesmas.

Uma primeira observação: se a verdade se diz em grego de muitas formas (e algumas delas já encontramos nas páginas anteriores: *alétheia*, *étymos*, *eteós*), a mentira, o falso, o ardil, o inventado, o errôneo, o fingido, o fictício, a ficção têm uma única denominação: *pseûdos*.[1] Já vimos também que esses *pseúdea* são muitos e, pelo menos na perspectiva de certos tratadistas, englobam ainda o mimético e o poético – numa palavra, tudo o que entendemos agora como literatura: para Platão, com efeito, o *lógos* dos poetas é *pseûdos* em que pode haver algo de verdade (*República* 377 a), declarando Plutarco, simplesmente, que se há poesia há *pseûdos* (*Como o jovem deve ouvir os poetas*). Em princípio, não se duvida do caráter positivo da verdade, mas o estatuto do *pseûdos* permanece problemático – e, pelo menos em parte, as teorizações sobre a literatura, na Grécia, constituem-se buscando respostas para esta questão: que valor pode ter um discurso que não se supõe de antemão verdadeiro? E que não se enquadra na categoria da mentira útil, como as que se contam para salvar a própria vida, enganar o inimigo ou mesmo tornar a pátria ilustre?

Não é este o lugar para enveredar por uma discussão cerrada e conceitual a respeito das diferentes formas de *pseûdos* (e, consequentemente, de qual seria o estatuto da verdade). Alguma reflexão é, contudo, inevitável e, ainda que proposta aqui, como se verá, de modo bastante abrangente e em termos da longa duração, seus desdobramentos, explícita ou implicitamente, não deixam de ser motivados por Homero, mais especificamente, pelo habilíssimo príncipe (*arkhegós*) de *pseúdea* que é Ulisses. Isso implica que, como de fato se observa desde Platão, é o estatuto da *ficção* que torna o *pseûdos* problemático. Com efeito, uma cultura que a desconhecesse (o que é provável que constitua um

---

1. Para uma visão mais completa, ver Levet (1976).

absurdo antropológico) estaria perfeitamente apta a traçar os firmes limites entre a verdade e a mentira. Ainda que uma cultura assim não exista, pelo menos potencialmente é postulada em termos de grupos ou indivíduos: um morador do Vale do Jequitinhonha, que em certa ocasião havia "contado histórias" a Sônia Queiroz, durante uma pesquisa sobre tradição oral, anos mais tarde recusa-se a fazê-lo, afirmando que não "contava" mais "histórias", pois havia se tornado "crente" e, portanto, não podia mais "falar mentira"; retrucando-lhe ela que então relatasse uma história "verdadeira", o ex-contador de casos insiste no seu impedimento, pois "sempre a gente aumenta um pouco". Observe-se como a adesão a um grupo cuja religião se baseia na assunção de que há apenas um esquema binário (verdade/mentira), de que a verdade se encontra inteiramente consagrada num livro (a Bíblia) e de que se exige a adesão total do crente a ela (inclusive para fazê-la expandir-se entre todos os povos) fez com que o contador de histórias regredisse de uma forma complexa de lidar com o discurso para uma perspectiva simples (senão simplória, embora se possa dizer que kantiana). O mais importante, contudo, é ressaltar como, anteriormente à conversão, ele tinha a consciência de que, contando histórias (*pseúdea*), estava sim "mentindo" (*pseudómenos*), e não transmitindo ingenuamente narrativas ficcionais (*pseúdea*) como se fossem verdadeiras.

Alguns comentadores, com base em considerações lexicais, têm sublinhado as diferenças entre a ideia grega de verdade como *alétheia* e outras acepções. Assim, observa Zubiri, enquanto *alétheia*, primitivamente, significou "algo sem esquecimento, algo em que nada caiu em 'completo' esquecimento" (cf. *lêthos*, *latheîn*), "o latim, o celta e o germânico expressam a ideia de verdade com base numa raiz *uero–", que parece indicar "a propriedade de algo que merece confiança, segurança", sentido presente também nas línguas semíticas, em que, por exemplo, a raiz hebraica *'aman*, 'ser fiável' (na forma hifil *confiar*), "deu *'emunah*, 'fidelidade, firmeza', *'amen*, 'verdadeiramente, assim seja', *'emeth*, 'fidelidade, verdade'; por seu lado, o indo-iraniano parte da raiz **es-* 'ser' (cf. o védico *sátya-* e o avéstico *haithya-*), donde deriva também o adjetivo grego *etós*, *eteós* (de **s-e-to*), cujo significado seria 'o que é na realidade'". Donde conclui o mesmo autor que, "do ponto de vista linguístico, na ideia de verdade ficam indissoluvelmente articuladas três dimensões essenciais, cujo esclarecimento será um dos temas centrais da filosofia: o ser (*es-), a segurança (*uer-) e a manifestação (*ladh-)" (literalmente: *patencia*, cf. Zubiri, 1944, p. 29). Ainda que se possa pôr em dúvida a pertinência dos desdobramentos culturais deduzidos de etimologias, uma vez que as palavras têm sua história e as motivações semânticas são relativas, pode ser relevante considerar que, enquanto o pensamento grego enveredou por uma compreensão de *alétheia* como uma sorte de apreensão da verdade da coisa ("quanto cada coisa tenha de ser, tanto também tem de verdade", cf. Aristóteles, *Metafísica*, II, 993 b), *'emunah* entendeu-se, antes, como segurança, confiança, situando a questão do falso/verdadeiro, em consequência, na esfera da infidelidade/fidelidade: Deus é o mais verdadeiro porque o mais fiel – e não porque seja o que é em sumo grau; com efeito, jamais traiu seu povo e, cada vez que seu povo se lhe mostrou infiel, desabou na falsidade, no erro, na mentira, dando ocasião para o surgimento de falsos profetas. Tem relação com essa concepção a norma de que "o testemunho de dois homens é verdadeiro" (*Evangelho segundo João*, 8, 17), o que dá um valor extraordinário ao testemunho em vez de insistir na investigação que se baseia justamente no contraditório das declarações, tidas, portanto, em princípio, como algo a que não se deve dar crédito sem comprovação, como é próprio da experiência grega (cf. por exemplo, o episódio relativo a Aríon em Heródoto, I, 24).

É provável que a definição de *pseûdos* que historicamente teve maior impacto haja sido a de Aristóteles:

> o *pseûdos* é dito *pseûdos* com relação a uma coisa (*prâgma*), seja por não concordar com ela ou por ser impossível que concorde [...], seja com relação a quantas coisas existem como entes (*hósa ésti mèn ónta*), mas aparecem naturalmente (*péphuke phaínesthai*) ou como não são (*mè hoîá estin*) ou o que não são (*hà mè éstin*) [...]. De um lado, pois, as coisas assim se dizem falsas (*pseudê*), ou porque elas próprias não são ou porque a imagem (*phantasía*) delas procedente é a de um não ser (*mè óntos*); por outro lado, enunciado falso (*lógos pseudés*), no que é falso (*pseudés*), é o das coisas que não são – por isso todo enunciado falso (*lógos pseudés*) é

sobre algo diferente (*hetérou*) daquilo sobre o qual é verdadeiro (*alethés*). (*Metafísica*, V, 1024 b)

Como se vê, há dois recortes principais, subdivididos em dois (e de novo em dois): (1) por um lado, o *pseûdos* com relação à coisa, que se subdivide: (1.1) no que não existe; (1.2) e no que se mostra sob dois aspectos, a saber: (1.2.1) como não é (como na ilusão provocada pela técnica de desenho sombreado, a *skiagraphía*), (1.2.2) ou o que não é (mais exatamente, "algo que não existe", de que exemplo seriam os sonhos, pois são certamente algo, mas não aquilo de que produzem a ilusão); (2) por outro lado, o *pseûdos* com relação ao enunciado (ao *lógos*), que também se subdivide: (2.1) no *lógos* que é impossível que *componha* (*syntethênai*) com a coisa (como se dissermos que a diagonal é comensurável, o que será sempre *pseûdos*); (2.2) no *lógos* que eventualmente não esteja *composto* (*synkeîsthai*) com a coisa (como se dizemos que você está sentado, mas você se encontra de pé, podendo, entretanto, vir a sentar-se). Essa perspectiva desdobra a distinção mais geral de Aristóteles sobre o verdadeiro e o *pseûdos*, seja nas coisas, seja no discurso, segundo a qual "dizer que o ser não é e o não-ser é constitui *pseûdos*, enquanto dizer que o ser é e o não-ser não é constitui *alethés*" (*Metafísica*, IV, 1011 b). De fato, já em Platão encontramos a afirmativa de que verdadeiro é o *lógos* "que diga as coisas que são como são, enquanto o que diz como não são é *pseudés*" (*Crátilo*, 385 b; cf. também *Sofista*, 262 e; *Filebo*, 37 c).

Não se trata, entretanto, de uma posição dura e simplista, mas admitem-se gradações, uma vez que entre *o que é* e *o que não é* se imiscui *o que aparenta ser*. Portanto, além de uma questão ontológica e linguística, impõe-se também um problema epistemológico, que conduzirá, num desdobramento de Aristóteles, à fórmula famosa que Tomás de Aquino atribui a Isaac ben Salomon Israeli (mas que se encontra, de fato, em Avicena e Averróis, *Tahafut*, 103, 302): "a verdade é adequação da coisa e do intelecto" (*veritas est adaequatio rei et intellectus*, cf. Aquino, *Sobre a verdade*, I). Assim, a distinção entre verdade e aparência suporia pelo menos três níveis: o da verdade da coisa, que seria (ou não seria) apreendida tal qual é pela inteligência; o da verdade da inteligência, que apreenderia (ou não) a coisa tal qual é; e, finalmente, o da verdade da proposição que, com base nos dois níveis anteriores, diria (ou não) a coisa tal qual é. O grau de verdade de um discurso, portanto, dependeria da adequadação que se estabelece entre ente, intelecto e enunciado. Nesse sentido, o *pseûdos* poderia ser entendido, em princípio, como uma inadequação total ou parcial: posso errar ao falar de algo ou porque não apreendo o que ele é ou porque me atenho ao que ele aparenta ser.

Isso, entretanto, não é o bastante. Na discussão grega, bem como na posterior, introduz-se ainda um elemento relacionado com as intenções de quem fala, o qual nos transporta da esfera do enunciado para a da enunciação, tendo uma função basilar para a classificação dos diferentes tipos de *pseûdos*: se, de um lado, há os que mentem *hekóntes* (por querer, sem coação, deliberada e consentidamente), de outro, há os que mentem *ákontes* (sem querer, coagidos, a contragosto, inconsentidamente). Da perspectiva judaica, julgaríamos que os primeiros são piores, pois traem a confiança ou não são sinceros intencionalmente, agindo, portanto, com dolo, o que levaria a considerarmos que os que são infiéis ou insinceros em vista de algum constrangimento, e não por consentimento próprio, têm menor culpa (e, eventualmente, podem mesmo ser desculpados). Sobre a questão das intenções, Aristóteles observava o seguinte:

> Um homem *pseudés* é o que fácil e deliberadamente (*proairetikós*) escolhe estes discursos [isto é, os que falam duma coisa usando o discurso adequado a outra], não por algum outro motivo senão por isso mesmo [ou seja, porque eles são *pseudeîs*], bem como o que impregna (*empoietikós*) outros discursos com esses, do mesmo modo que dizemos que são *pseudê* quantas coisas provocam (*empoieî*) uma imagem falsa (*phantasían pseudê*). Por isso incorre em inexatidão o argumento que se encontra no *Hípias*: que o mesmo é, a um só tempo, *pseudés* e *alethés*, pois ao que é capaz de mentir (*tòn dynámenon pseúsasthai*) ele toma como *pseudê* – e a este considera sábio (*eidós*) e prudente (*phrónimos*) – e considera ainda que o que é consentidamente mau (*hekónta phaûlon*) é melhor. Ele chega a esse *pseûdos* por indução – pois considera que o que consentidamente manca

> (*hekòn kholaínon*) é superior (*kreítton*) ao que o faz inconsentidamente (*ákon*), chamando mancar ao mimetizar (*mimeîsthai*) quem é coxo – o que constitui um *pseûdos* já que, se alguém é coxo consentidamente (*hekón*), é também pior, como acontece do ponto de vista dos costumes. (*Metafísica*, V, 1025 a)

Ao introduzir em seu raciocínio a mimese, Aristóteles de fato parece considerar uma oposição entre o autêntico e o fingido, tendo o primeiro como eticamente superior. Se em sua avaliação é forçoso que quem consentidamente se finge de coxo seja pior, por não ser sincero ou autêntico, da perspectiva de Platão tem importância o jogo entre conhecimento e ignorância como determinantes para a avaliação do que é consentido ou inconsentido. Assim, o *pseûdos* inconsentido (*ákon*) constitui "o que é verdadeiramente *pseûdos*" (*tò hos alethôs pseûdos*, *República* 382 a), nada mais que "ignorância na alma, isto é, na alma do que mentiu" (*he en têi psykhêi ágnoia he toû epseusménou*, *República* 382 b), ou, em outros termos: o *pseûdos* inconsentido é "o que é essencialmente *pseûdos* (*tò tôi ónti pseûdos*), algo odiado não só pelos deuses, como também pelos homens" (*República* 382 c), pois ninguém deseja voluntariamente (*hekòn ethélei*) enganar-se (*pseúdesthai*) na parte principal de si: sua alma (*República* 382 a).[2] Em resumo: esse é o *pseûdos* que se classificaria propriamente como ignorância ou erro e que poderia ser formulado assim: não conheço, não sei que minto, mas de fato (*tôi ónti*) e verdadeiramente (*alethôs*) minto. Com efeito, a fórmula platônica, ao optar por não usar o adjetivo, recusando-se, portanto, a dizer que se trata de uma "mentira verdadeira" (*alethès pseûdos*, simples oximoro), mas escolhendo uma expressão em que o substantivo se encontra determinado por uma locução adverbial (*hos alethôs*), ressalta que o *pseûdos* é *verdadeiramente* o que é em vista de uma determinada circunstância, nomeadamente a não coalescência entre o que diz aquele que julga dizer a verdade e a verdade do que ele julga dizer, pois a ignora. Esse tipo de *pseûdos* jamais seria aplicável ao astuto Ulisses (que viu e muito conheceu) e, considerando-se que a *Odisseia* não deixa de ser, em geral, um embate de astúcias (logo, de

---

2. Ver comentários em Lemos (2000, p. 63-78).

pseúdea), trata-se, nela, de uma categoria minoritária: o Ciclope, que tem o porte avantajado, mas é vencido pelas artimanhas do herói, é dos poucos que incorre nesse tipo de erro, quando, logo após ter sido cegado, responde aos demais ciclopes (que o acodem e perguntam, do lado de fora da caverna, quem o havia ferido) que "Ó amigos, Ninguém está me matando, não com força, mas com astúcia" (*Odisseia*, IX, 408). Ele não sabe o nome de Ulisses, que se lhe apresentou como Ninguém (*Oútis*); logo, não sabe que *pseúdetai* (erra) ao dizer que "Ninguém está me matando", pois de fato e verdadeiramente não é ninguém, mas Ulisses que o faz; em sua ignorância, ele não sabe que mente (*pseúdetai*), mas de fato mente porque erra (*pseúdetai*). Tudo consequência de ter sido enganado e permanecer enganado (*epseusménos*: literalmente, de ter sido vítima de uma mentira e de estar na condição de quem dela padece).

Outro grande grupo inclui todas as formas de *pseúdea* que se proferem de modo consentido (*hekón*): sei, mas minto. Assim, Rousseau, no quarto passeio dos *Devaneios do passeante solitário*, narra que, participando certa vez de um almoço na casa da senhora Vacassin, ao ser interrogado pela filha mais velha da anfitriã, que estava grávida, se tivera filhos, respondeu, "enrubescendo até as orelhas, que não tivera essa felicidade", quando se sabe (e, pela reação da interlocutora, também ela sabia) que não se tratava da resposta verdadeira (cf. Puente, 2002, p. 49). Do mesmo modo, quando Ulisses se apresenta ao Ciclope como Ninguém, manipulando já possibilidades futuras de providenciar a própria salvação e a dos seus, mente com deliberação, sendo conhecedor como ninguém de que é e só pode ser Ulisses:

> Κύκλωψ, εἰρωτᾷς μ' ὄνομα κλυτόν; αὐτὰρ ἐγώ τοι
> ἐξερέω· (...)
> Οὖτις ἐμοί γ' ὄνομα· Οὖτιν δέ με κικλήσκουσι
> μήτηρ ἠδὲ πατὴρ ἠδ' ἄλλοι πάντες ἑταῖροι.
>
> Ciclope, perguntas-me meu nome famoso? Então eu mesmo
> o direi todo (...):
> Meu nome é Ninguém; de Ninguém me chamam
> meu pai, minha mãe e todos os outros companheiros. (*Odisseia*, IX, 364-367)

É com relação a esse tipo de *pseûdos* consentido da parte de quem sabe que mente que se desdobrou toda uma discussão de caráter moral: há circunstâncias que podem justificá-lo, quando se trata, por exemplo, de salvar a vida de algum amigo, a pátria – ou mesmo em vista da timidez que leva a *mentiras sociais*, como a de Rousseau, surpreendido pela curiosidade inoportuna de sua jovem anfitriã? Nesse sentido, afirmava Benjamin Constant (em *Das reações políticas*) que

> o princípio moral [...] que dizer a verdade é um dever, se fosse considerado de uma maneira absoluta e isolada, tornaria impossível toda sociedade. Temos a prova disso nas consequências muito diretas que um filósofo alemão tirou desse princípio, chegando até mesmo a pretender que a mentira fosse um crime em relação a assassinos que vos perguntassem se o vosso amigo, perseguido por eles, não está refugiado em vossa casa. (Puente, 2002, p. 69)

Esse raciocínio ecoa a famosa pergunta de Sócrates a Céfalo, na abertura da *República*, após este último reduzir o justo a dizer a verdade (e não dever nada a ninguém): como agir então diante do amigo louco que, querendo matar-se, nos exige que lhe devolvamos o punhal que nos pediu que guardássemos (*República* 331 c)? Ou seja: há situações em que o justo é mentir e a mentira é preferível à verdade – desde que, sublinhe-se, se trate de uma mentira consentida?

Luciano retoma a tradição dos *pseúdea* justificados na abertura de *O amante das mentiras* (*Filopseudes*), dividindo-os em três espécies. De um lado, aqueles que mentem tendo em vista alguma utilidade (um *khrésimon*), pessoas que "são mesmo dignas de louvor, quando enganam seus inimigos ou, num aperto, se servem desse remédio para se livrarem de problemas, como tantas vezes fez Ulisses, ao tentar salvar sua própria vida e assegurar o regresso dos companheiros" (*Filopseudes* 1, tradução de Magueijo). Numa categoria menos justificável, mas ainda tolerável, estão os *pseúdea* daqueles que se deixaram levar pelo vício (*kakós*) de mentir, enganando-se a si mesmos e aos demais, como "Heródoto e Ctésias de Cnido, e, antes destes, os poetas e o próprio Homero", homens ilustres que "lançaram mão da mentira por escrito, de tal modo que não só enganavam os ouvintes de seu tempo, mas sua mentira chegou até aos nossos dias, trazida por uma tradição conservada em prosa e versos admiráveis" (*Filopseudes* 2). Sempre em escala decrescente de justificação, há ainda os *pseúdea* que "cidades e povos inteiros" dizem "em conjunto e descaradamente", como fazem os cretenses, que "não sentem vergonha de mostrar o túmulo de Zeus", os atenienses, que "afirmam que Erictônio brotou da terra e que os primeiros homens germinaram do solo da Ática como hortaliças", ou os tebanos, "que contam que dos dentes duma serpente nasceram os tais *Spartoi*" (*Filopseudes* 3). Essas duas últimas categorias, embora não motivadas por utilidade imediatamente apreensível, também se justificariam, uma vez que os poetas misturam "nos seus escritos o encanto arrebatador do mito" para "cativar seus ouvintes" e os atenienses e tebanos pretendem "nobilitar ainda mais as respectivas pátrias", de tal forma que, "se privássemos a Grécia das suas lendas (*mythóde*), nada obstaria a que os guias turísticos morressem de fome, por falta de visitantes estrangeiros que, mesmo sem pagarem, quisessem escutar a verdade" (*Filopseudes* 4). Finalmente, no extremo oposto de tudo isso, resta o *pseûdos* sem nenhuma justificativa, de que o livro de Luciano é uma excepcional coletânea – aliás, cuja única razão de ser é o gosto inato que os homens têm pelos *pseúdea*, ou seja, o fato de que somos, por natureza, *filopseudeis*, não *filaléteis* (este último termo sendo um outro modo de dizer *filósofos*). A grande divisão que regula o esforço classificatório de Luciano parece depender ainda da oposição platônica entre *hekón/ákon*: as categorias justificáveis justificam-se por tratar-se de *pseúdea* consentidos (sei, mas minto por tal ou tal razão, sejam razões utilitárias, estéticas ou etnológicas) – e, dessa perspectiva, para retomar o exemplo de Aristóteles, quem se fingisse consentidamente de coxo para salvar-se a si mesmo, a seus companheiros ou a sua pátria seria melhor que o que manca inconsetidamente, isto é, por ser deveras coxo. Já as histórias narradas pelas personagens de Luciano se entenderiam como *pseúdea* inconsentidos (não sei, logo não sei que minto por pura ignorância), embora os que as narram sejam todos homens cultos – uma pletora de filósofos e um médico – o que torna ainda mais ridícula sua atuação, transformada num *pseûdos* consentido na ficção de Luciano.

Pelas opiniões até aqui lembradas, vê-se como se trata de uma seara de filósofos, em que, entretanto, não existe acordo. O "filósofo alemão" referido por Constant, por exemplo, é Kant, o qual defende que é "um mandamento sagrado da razão, que ordena incondicionalmente, não restringido por nenhuma conveniência: ser verídico em todas as declarações". Assim, ele continua, cada homem "tem não apenas um direito, mas até mesmo o mais rigoroso dever de veracidade nas declarações", dever que "ele não pode evitar, mesmo que essa veracidade possa prejudicar a ele próprio ou a um outro", tendo como garantia que "não *faz* com isso propriamente nenhum dano àquele que é lesado, ao contrário, este dano é causado pelo acaso" ("Sobre um pretenso direito de mentir por amor aos homens", *in* Puente, 2002, p. 78-80). No exemplo de meu amigo perseguido por assassinos, se estes o matam, então isso não se poderia imputar ao fato de que falei a verdade sobre seu paradeiro. Ulisses, então, jamais deveria mentir sobre seu nome (e, muito menos, esse modelo de astúcia deveria atravessar os séculos glorificado pelo encanto dos versos homéricos, apesar do perdão de Luciano): ele diria a verdade e esperaria, mesmo assim, salvar-se (com a mesma fé, provavelmente, do ex-contador de histórias do Vale do Jequitinhonha!).

Não são, entretanto, as consequências morais da mentira consentida que nos interessam, mas a dificuldade do controle sobre o próprio *pseûdos*, um problema de grande relevância social, que tem impacto direto na classificação dos diferentes gêneros de discurso com que uma cultura lida. Retomemos o exemplo de Constant, desdobrando-o em duas situações (a segunda das quais inspirada em *O muro* [1977], de Sartre):

> *Situação 1*: Jean está em casa, na França ocupada, e abriga um amigo, Pierre, que faz parte da resistência. Batem à porta. Jean percebe que é a Gestapo. O amigo esconde-se na cozinha. Jean atende e o oficial pergunta-lhe se viu Pierre. Jean responde: *eu o vi correndo e escondendo-se no cemitério*.
>
> *Situação 2*: Do mesmo modo, Jean está em casa com o amigo. A Gestapo chama. Pierre esconde-se na cozinha. Enquanto Jean se dirige à porta, Pierre considera que é mais seguro não ficar em casa, pula a janela e

vai esconder-se no cemitério. Jean atende e, interrogado sobre se vira o amigo, declara ao oficial: *eu o vi correndo e escondendo-se no cemitério.*

A primeira situação configura nada mais que o *pseûdos* que classificamos como *mentira* consentida (sei, mas minto), como o de Ulisses ao Ciclope. Uma mentira útil, desculpável e até louvável, pois tem um objetivo nobre, o que concordaria com um certo senso comum bastante agudizado pelas violentas experiências do século XX: durante as inúmeras guerras, golpes e ditaduras que o atravessaram, alguém que escondesse um amigo em casa teria o dever moral de entregá-lo aos perseguidores? A história recente parece ter-nos convencido de que não, pelo menos quando está em causa a perseguição política, sendo difícil que admitamos a posição de Kant. Nossos heróis são justamente os que foram capazes de um gesto nobre – a mentira – no interesse de salvaguardar a integridade de judeus, ciganos e perseguidos políticos.

Na segunda cena tudo tornou-se mais complexo: por um detalhe fortuito e não controlado, o que Jean diz é *mentira*, mas, do ponto de vista dos fatos, expressa a verdade, pois efetivamente Pierre correu e escondeu-se no cemitério. Opõe-se, assim, um nível, o das intenções, em que a *mentira* se dá (Jean pensa que sabe e mente com base nisso), e outro nível, o da adequação entre a linguagem e os fatos, em que a *mentira* se desfaz: Jean pensa que sabe e pensa que mente, mas de fato não mente, tanto que, se a Gestapo dirigir-se ao cemitério, encontrará Pierre. Isso, entretanto, não invalida que se trate de um *pseûdos*, agora desdobrado, que põe em relação *mentira* e *erro*. Enquanto *erra*, é natural que Jean abomine o que fez, entregando o amigo aos algozes, ao dizer-lhes, involuntariamente, a verdade, o que mostra como a equação relativa ao que é verdadeiramente mentira (não sei, penso que não minto, mas realmente minto por ignorância) pode ser transposta para o que é inconsentidamente verdade (não sei, penso que minto, mas realmente não minto por ignorância). Assim, tanto o mentir quanto o não mentir inconsentidamente parecem padecer da mesma precariedade que lhes empresta a ignorância.

É verdade que a situação retratada em *O muro* é mais nuançada. Durante a Guerra Civil Espanhola, Pablo Ibbieta é preso e condenado à morte. Depois de uma noite na iminência da execução, que o faz perder o sentido de tudo, é levado ao comando da prisão, onde se encontra e lhe é oferecida a seguinte alternativa: se informar o paradeiro de Ramón Gris, seu amigo e líder dos rebeldes, será poupado. Ele sabe que Gris está escondido na casa de uns primos e, mais por desdém que por qualquer outra coisa, resolve inventar que ele "está escondido no cemitério, num túmulo ou na cabana dos coveiros". No dia seguinte, é informado por um conhecido, que também acabou de ser preso, do que se passara com o outro:

> Ele fez besteira. Deixou o primo na terça-feira porque eles tinham dado com a língua nos dentes. Não faltaria quem quisesse escondê-lo, mas ele não queria comprometer ninguém. 'Ia me esconder na casa do Ibbieta' – disse ele – 'mas como ele foi preso, vou me esconder no cemitério.' [...] Esta manhã eles foram lá, tinha que acontecer. Encontraram-no na cabana dos coveiros. Ele atirou e o abateram. (Sartre, 1977, p. 23-24)

Como se vê, existe uma perspectiva de gratuidade em todo o enredo, que, numa crítica declarada ao "imperativo categórico" de Kant, visa a tirar da verdade (e, por consequência, da mentira) qualquer perspectiva essencialista, fazendo com que ela dependa só da trama imotivada dos acontecimentos, dado que Ibbieta não precisaria dizer nada, pois não o faz para salvar a própria vida (o que não lhe interessa) ou a vida do amigo que estivesse em perigo iminente (cuja luta também deixou de dizer-lhe respeito). Estamos num mundo sem heróis: o que o protagonista queria era nada mais que escarnecer de seus algozes, dando-lhes uma pista falsa; o que não previa é que a pista poderia ser verdadeira, um exemplo extremo da mais inconsentida das verdades, enquanto exibe a precariedade da moral e da própria linguagem.

Todas essas distinções não são, todavia, suficientes para classificar e julgar qualquer espécie de *pseûdos*, como nos garante o elaborado exemplo que encontramos em *Tristão e Isolda*. Sendo mulher do rei Marcos, a protagonista vive com Tristão uma longa história de amor de que se fala já na corte. A fim de terminar com os rumores, os conselheiros do rei incitam-no a fazer com que a rainha jure se lhe é fiel ou não, em cerimônia pública. Proclamada a exigência, fazem-se os preparativos para a solenidade, a qual deve acontecer numa encruzilhada próxima da cidade, onde ela deverá jurar sobre as relíquias de todos os santos da Inglaterra. Marca-se o dia, arma-se o palanque, uma multidão dirige-se ao local, entre povo e nobreza. Antes disso, Isolda manda uma mensagem a Tristão, dizendo que ele também compareça, disfarçado de pedinte. Enquanto o rei e sua corte instalam-se sobre o palanque e a multidão amontoa-se em volta, Tristão perambula a mendigar. Chega a rainha, desce de sua montaria e, como há uma faixa de lama que a impede de seguir a pé, convoca o mendigo, monta-lhe nos ombros e ordena-lhe que a transporte até onde está seu marido. Vem o momento do juramento. Isolda então declara que, para não deixar a menor sombra a dúvida, quer ser o mais incisiva possível: juro, pronuncia ela, sobre as relíquias de todos os santos da Inglaterra, que nunca nenhum outro homem jamais entrou no meio de minhas coxas, a não ser o rei, meu marido – e este mendigo que acabou de me carregar.

Convenhamos que se trata de um entrecho extraordinário, em que os esquemas com que vimos lidando se embaralham admiravelmente: sei, mas minto de tal modo que não minto. De um lado, é evidente que se trata de um *pseûdos*, do ponto de vista do que entendem o rei, a corte e a multidão, embora seja também a mais estrita verdade – e é porque não deseja faltar com a verdade ao jurar sobre as relíquias que Isolda elabora seu estratagema. Em vez de apenas jurar "sou fiel a meu marido" (o que ela não poderia, sob o risco de cometer perjúrio diante dos seus e de todos os santos), ou "sou infiel ao rei" (o que a faria dizer a simples verdade), ela faz com que seu discurso ardilosamente resvale numa proposição linguisticamente inatacável em sua (in)fidelidade aos fatos: "nenhum homem jamais esteve no meio de minhas coxas a não ser o rei e este mendigo". Diferentemente do amigo que, tentando salvar o amigo, mente, mas inconsentidamente diz a verdade, Isolda mente voluntariamente e voluntariamente diz a verdade. Porque tem pleno conhecimento de si e detém ainda o controle sobre o conhecimento alheio.

Para entender o que está em jogo neste exemplo, parece necessário incluir em nosso raciocínio o destinatário do *pseûdos* – o que nos mostra que, além do enunciado e da enunciação, também o enunciatário tem um papel a desempenhar no contexto em que verdade e *pseûdos* se manifestam. Com efeito, para Isolda o essencial é evitar o perjúrio. Os santos, sobre cujas relíquias ela jura, sabem que ela disse a verdade porque o mendigo é Tristão (que mais de uma vez, e não só no entrecho do juramento da rainha, esteve entre suas pernas, o que ela deixa numa conveniente ambiguidade). O rei (e todos os demais), porque não sabem que o mendigo e Tristão são o mesmo, enganam-se (ou seja, experimentam o *pseûdos* enquanto erro) – e por isso, também diante deles, o juramento da rainha é verdadeiro. Assim, em qualquer das alternativas, Isolda pode ser acusada de adultério, mas não de perjúrio, embora os santos sejam os recebedores consentidos (*hekóntes*) da fórmula de juramento e o rei e sua corte, por seu lado, recebam-na inconsentidamente (*ákontes*). Isolda não mente (*pseúdetai*), mas não diz a verdade esperada pela ignorância destes últimos (logo, *pseúdetai*).

Esse resvalamento da linguagem, que permite que se minta sem incorrer em perjúrio, não é tão incomum, parecendo constituir mesmo uma forma de relação com Deus e os santos (em que se poderia notar um traço da *'enumah* judaica): Jacopo de Varazze, na *Legenda Áurea* (3, 8), narra como um credor justamente judeu é ludibriado por seu devedor que, jurando espertamente sobre o altar de São Nicolau ter-lhe já entregue muito mais do que lhe devia, ao proferir o juramento pede ao judeu que segure a bengala que leva consigo, dentro da qual há muito dinheiro escondido; assim, no momento exato do juramento, estando o judeu de posse da bengala carregada de ouro, não se poderia acusar o devedor de perjúrio (e, sobretudo, São Nicolau não poderia fazê-lo) – embora, no decorrer da história, que tem uma função moralizante, o mau pagador venha a ser atropelado por uma carroça, sua bengala quebre e toda a trapaça venha à luz, ou seja, o credor judeu pôde então constatar como de fato o morto tinha dito a mais absoluta verdade, embora não tivesse jamais pago o que lhe devia. Ao que parece, diante de tal situação, a revolta do judeu dirige-se não tanto contra o espertalhão que o enganara, mas principalmente contra São Nicolau, que deixara que o outro o enganasse convalidando o juramento: tanto que, instado a tomar para si o conteúdo da bengala, declara que só aceitaria o pagamento se São Nicolau ressuscitasse o defunto, para que confessasse o ardil, o que se faz prontamente, provendo um desfecho edificante para o conto.

Ora, o que a ficção exige da parte do recebedor é também o consentimento com relação ao *pseûdos*: sei que ele mente (*pseúdetai*), mas recebo consentidamente (*hekón*) sua mentira (*pseûdos*) porque linguisticamente coesa – o que curiosamente só pode ser a postura dos santos diante do juramento de Isolda (como também a dos leitores da obra). Entretanto, também nessa esfera os efeitos teriam que ser considerados, pelo menos do ponto de vista de Rousseau: "mentir para sua própria vantagem é impostura, mentir para a vantagem de outrem é fraude, mentir para prejudicar é calúnia"; por sua vez, "mentir sem proveito nem prejuízo para si nem para outrem não é mentir: isso não é mentira, é ficção." Aparentemente, portanto, a ficção seria um *pseûdos* desinteressado, que logo se divide em dois tipos: o primeiro, "as ficções que têm um objeto moral", as quais "se chamam apólogos ou fábulas e seu objeto não é ou não deve ser senão ensinar verdades úteis sob formas acessíveis e agradáveis", de tal modo que "aquele que profere uma fábula apenas como uma fábula de nenhum modo mente" (um *pseûdos* curioso, como se vê, cujo traço principal está em negar-se enquanto tal); o segundo tipo seriam as ficções "puramente inúteis, como são a maior parte dos contos e romances, que, sem encerrar qualquer instrução verdadeira, têm por objetivo tão somente o entretenimento", de que seria exemplar o livro de Montesquieu intitulado *Templo de Gnide*, repleto de "detalhes voluptuosos" e de "imagens lascivas", em que o autor "fingiu que a sua obra era a tradução de um manuscrito grego e historiou a descoberta desse manuscrito do modo mais apropriado a convencer seus leitores da verdade de seu relato": em resumo, "uma brincadeira, cujo autor (...) não queria persuadir ninguém, não persuadiu efetivamente ninguém, e o público não duvidou um só momento que não fosse ele mesmo o autor da presumida obra grega da qual se fazia passar por tradutor" (Puente, 2002, p. 42-43). Todo esse contorcionismo com relação à ficção só parece demonstrar que se trata, do ponto de vista moral, de um gênero incômodo, porque, em princípio, amoral (quando não, como no caso de Montesquieu, imoral).

Essa questão relativa ao valor do que poderíamos entender como ficção já se encontra em Platão, admitindo Sócrates que há um tipo de *pseûdos* útil, o qual se encontra nas "mitologias" (*República*, 382d), cujo estatuto poderíamos assim definir: não sei e por isso efabulo, não sabendo se minto sabendo que minto. Isso porque esse tipo de *pseûdos* se aplica, sobretudo, ao passado distante, do qual não se têm notícias, sendo lícito que se preencha o desconhecimento com *pseúdea*. O fato de que se desconheça efetivamente o que se passou faz com que, assemelhando-se os *pseúdea* o mais possível à verdade, possam eventualmente expressar essa verdade desconhecida, mas possível. Isso significa que, assemelhando-se o máximo à verdade (não falarei dos deuses algo que seja incompatível com a natureza divina), ou seja, sendo ao máximo *símil*, poderá ele, sem deixar de ser *pseûdos*, atinar com algo da verdade (curiosamente, se trataria então de dizer uma verdade inconsentida, o que poderia justificar uma certa poesia, mas, ao mesmo tempo, desclassificar o poeta, pois, quando chega ao verdadeiro, fá-lo antes por ignorância do que por conhecimento). A solução de Platão já foi referida: a poesia, no todo, é *pseûdos* (ficção) em que há algo de verdade, devendo-se preferir aqueles *pseúdea* em que a parte de verdade seja maior, conquanto mais a ela se assemelhem. Plutarco tirará as consequências disso: o melhor poeta é aquele que mente *hekón* e nada pode ser mais prejudicial do que um poeta que minta *ákon*, isto é, que narre *pseúdea* julgando que se trata de discursos verdadeiros (*Como o jovem deve ouvir os poetas*).

Em resumo – e considerando-se que o objetivo desta digressão é apenas auxiliar-nos a distinguir diferentes espécies de *pseúdea*, do ponto de vista de uma arqueologia da ficção – tenhamos presente a seguinte tipologia: de um lado, temos o *pseûdos* inconsentido (não sei, não sei que minto, mas minto por ignorância), que não é propriamente mentira, mas *erro*; de outro, os vários tipos de *pseúdea* consentidos, divididos em dois grandes grupos: a) a *mentira* propriamente dita (sei, mas minto), que admitiria também as nuanças da *verdade inconsentida* (penso que sei, penso que minto, mas digo a verdade por ignorância) e da *mentira verdadeira* (sei, minto, mas de tal modo que digo a verdade); b) a *ficção* (não sei, por isso efabulo), que pode ser verossímil (porque não sei, efabulo assemelhando meu discurso ao verdadeiro), chegando ao limite da *mentira que não mente* (sei, mas transmito o verdadeiro sob a capa de ficção), ou pode ser inverossímil (não sei e por isso efabulo sem ter em conta o verdadeiro, ou ainda, sei, mas efabulo sem ter em conta o verdadeiro). Assim, teríamos de concordar que o esquema simples (erro/mentira/ficção) admitiria contornos mais intrincados, sobretudo porque o erro (que parte sempre do *não sei*, isto é, da ignorância) se imiscui nas demais categorias, fazendo com que, inconsentidamente, a mentira e a ficção resvalem na direção do erro ou da verdade.

Musas poetas

Isso nos permitirá voltar à desconcertante declaração das Musas a Hesíodo, para ensaiar novas leituras:

> ἴδμεν ψεύδεα πολλὰ λέγειν ἐτύμοισιν ὁμοῖα,
> ἴδμεν δ᾽ εὖτ᾽ ἐθέλωμεν ἀληθέα γηρύσασθαι᾽
>
> sabemos muitas mentiras dizer a fatos semelhantes
> e sabemos, quando queremos, verdades proclamar. (*Teogonia*, 22-28)

A ocorrência de "quando queremos" aponta na direção de que o *lógos* das deusas está sob seu efetivo controle e elas não proferem nem *alethéa*, nem, supõe-se, *pseúdea* involuntariamente. Mais ainda, a insistência no saber ("sabemos... e sabemos") faz crescer essa perspectiva, pois, mesmo quando proferem "muitos *pseúdea*", elas o fariam não inconsentidamente (por ignorância), mas sempre conhecendo a verdade e a mentira que proclamam enquanto verdade ou mentira. Logo, estaríamos diante do esquema que não admite a acepção de *erro*, o que parece ser a única alternativa incompatível com a natureza das deusas. Uma vez que elas se dirigem especificamente aos "pastores agrestes, vis infâmias, ventres só", sua declaração pode visar justamente a opor estes (que não sabem, logo mentem por ignorância) a si próprias (que sabem, logo mentem por ciência). Desse ponto de vista, o mais importante no que declaram a Hesíodo não é que, agora, em seu poema, proclamarão *alethéa*, mas que, mesmo quando dizem *pseúdea* semelhantes a fatos, o fazem com ciência de que são *pseúdea*. Assim, a rigor, nada garante que na *Teogonia* estejamos diante de algum tipo de revelação: o máximo que poderíamos admitir é que se trate de um *pseûdos* marcado pelo grau de conhecimento que é próprio das Musas. A afirmativa do poeta de que as deusas lhe inspiraram (*enépseusan*) uma voz divina (*audèn théspin*) não serve de garantia, uma vez que sua inspiração funciona nos dois sentidos declarados: *pseúdea* e *alethéa*. Apenas numa cultura que tomasse como pressuposto uma identificação prévia e imediata da voz divina com o verdadeiro, poder-se-ia pretender que o canto das Musas expressasse necessariamente a verdade – o que não se verificaria totalmente nem na esfera do judaísmo, dado que, além do deus verdadeiro, existem também os falsos deuses que, nem por serem falsos, deixam de expressar-se, não havendo dúvida de que, no caso grego, os deuses (verdadeiros) sabem mentir, como no episódio do sonho enviado a Agamêmnon por Zeus, na *Ilíada*, ou em inúmeras tramas envolvendo enganos de Atena na *Odisseia*. No que concerne às Musas, estamos diante de um tipo de deusas que tão bem falam verdades quanto mentiras, num discurso bem articulado (cf. *artiépeai*, *Teogonia* 29) e, mais ainda, agradável (cf. *hedyépeiai*, *Teogonia* 965 e 1021). Deixando, pois, de lado a tentação fácil de reduzir tudo a uma fala divina que, por sê-lo, daí tiraria toda sua razão e autoridade, é necessário investigar com mais cuidado o tipo de contrato que Hesíodo encena.

Com efeito, o que ele declara é que as Musas lhe ensinaram um "belo canto" (como em Homero se diz que o ensinam a Demódoco):

> αἵ νύ ποθ' Ἡσίοδον καλὴν ἐδίδαξαν ἀοιδήν,
> ἄρνας ποιμαίνονθ' Ἑλικῶνος ὕπο ζαθέοιο,
>
> Elas certa vez a Hesíodo ensinaram (*edídaxan*) belo canto,
> enquanto pastoreava ovelhas ao pé do Hélicon divino (*Teogonia*, 22-23),

ocasião memorável a que aparentemente ele volta a referir-se nos *Trabalhos e dias*, numa digressão a propósito de seu desconhecimento de assuntos relacionados com a navegação, quando descreve as poucas viagens que fez, uma das quais a Cálcida, onde ganhou, como prêmio, uma trípode com asas que dedicou às Musas Heliconíades,

ἔνθα με τὸ πρῶτον λιγυρῆς ἐπέβησαν ἀοιδῆς·
τόσσον τοι νηῶν γε πεπείρημαι πολυγόμφων,
ἀλλὰ καὶ ὣς ἐρέω Ζηνὸς νόον αἰγιόχοιο·
Μοῦσαι γάρ μ' ἐδίδαξαν ἀθέσφατον ὕμνον ἀείδειν,

no local em que sobre mim lançaram, pela primeira vez, o agudo canto;
isso é quanto conheço de naus repletas de cavilhas,
mas ainda assim falarei da mente de Zeus que tem a égide,
pois as Musas ensinaram-me (*m'edídaxan*) a cantar um hino inefável.
(*Trabalhos e dias*, 659-662)

Sem dúvida, portanto, interessa-lhe sublinhar que foram as Musas que lhe ensinaram seu canto. Que canto é esse? Naturalmente, o que se encontra em seus poemas e, na *Teogonia*, se resume na invocação que serve de proêmio ao início da narrativa, ou seja, a invocação propriamente dita:[3]

χαίρετε τέκνα Διός, δότε δ' ἱμερόεσσαν ἀοιδήν·
κλείετε δ' ἀθανάτων ἱερὸν γένος αἰὲν ἐόντων,
οἳ Γῆς ἐξεγένοντο καὶ Οὐρανοῦ ἀστερόεντος,
Νυκτός τε δνοφερῆς, οὕς θ' ἁλμυρὸς ἔτρεφε Πόντος.
εἴπατε δ' ὡς τὰ πρῶτα θεοὶ καὶ γαῖα γένοντο
καὶ ποταμοὶ καὶ πόντος ἀπείριτος οἴδματι θυίων
ἄστρά τε λαμπετόωντα καὶ οὐρανὸς εὐρὺς ὕπερθεν·
οἵ τ' ἐκ τῶν ἐγένοντο, θεοὶ δωτῆρες ἐάων·
ὥς τ' ἄφενος δάσσαντο καὶ ὡς τιμὰς διέλοντο,
ἠδὲ καὶ ὡς τὰ πρῶτα πολύπτυχον ἔσχον Ὄλυμπον.
ταῦτά μοι ἔσπετε Μοῦσαι Ὀλύμπια δώματ' ἔχουσαι
ἐξ ἀρχῆς, καὶ εἴπαθ', ὅτι πρῶτον γένετ' αὐτῶν.

Salve, filhas de Zeus, dai amável canto!
gloriai (*kleíete*) a sagrada raça dos imortais que sempre são,
os que nasceram da Terra e do Céu estrelado,
da Noite trevosa, e os que criou o salgado Mar;
dizei (*eípate*) como, primeiramente, deuses e terra nasceram,

3.Sobre as características desses "introitos", ver Wheeler (2002).

rios e mar ilimitado, impetuoso em ondas,
astros brilhantes e amplo céu elevado;
e os que deles nasceram, deuses doares de bens,
como dividiram a opulência e como repartiram as honras
e também como, primeiramente, tiveram o rugoso Olimpo.
Isso dizei-me (*moi éspete*), Musas, que tendes a morada olímpica,
desde o princípio, e dizei (*eípath'*) qual primeiro deles nasceu. (*Teogonia*, 104-115)

Os elementos dos proêmios estão aí contidos: a segunda pessoa; o vocativo; o programa do canto determinado pela primeira pessoa, isto é, por Hesíodo, que anteriormente se nomeou; o fecho (constituído aqui pelos dois últimos versos), que serve de encaixe e passagem para a narrativa. Ressalta, sobretudo, como o poeta estabelece que se cante numa determinada ordem, principiando do começo (a geração da Terra e do Céu, a da Noite e a do Mar), como insite nisso (dizei como em primeiro lugar – *tà prôta* – nasceram deuses, terra etc.; dizei como em primeiro lugar – *tà prôta* – tiveram eles o Olimpo), concluindo, nos dois últimos versos, com a reiteração de que se diga tudo "desde o princípio" (*ex arkhês*), a começar pelo que primeiro (*prôton*) nasceu. Com efeito, o que se pretende é dar ao discurso uma ordenação arqueológica (a partir do princípio) e genealógica (conforme a geração dos deuses), expressa em sequências narrativas e catálogos.

Tanto é assim que, no interior do poema, principiando os sucessivos catálogos, encontramos novas invocações:

νῦν δὲ θεάων φῦλον ἀείσατε, ἡδυέπειαι
Μοῦσαι Ὀλυμπιάδες, κοῦραι Διὸς αἰγιόχοιο,
ὅσσαι δὴ θνητοῖσι παρ' ἀνδράσιν εὐνηθεῖσαι
ἀθάναται γείναντο θεοῖς ἐπιείκελα τέκνα.

cantai (*aeísate*) agora a grei de deusas, vós de doce voz,
Musas Olimpíades, virgens de Zeus porta-égide:
quantas deitando-se com homens mortais
imortais pariram filhos símeis aos deuses. (*Teogonia* 965-968, tradução de Torrano)

νῦν δὲ γυναικῶν φῦλον ἀείσατε, ἡδυέπειαι
Μοῦσαι Ὀλυμπιάδες, κοῦραι Διὸς αἰγιόχοιο.

cantai (*aeísate*) agora a grei de mulheres, vós de doce voz,
Musas Olimpíades, virgens de Zeus porta-égide. (*Teogonia* 1021-1022, tradução de Torrano)

Ainda que sobre a autenticidade desses versos pairem sérias dúvidas (até porque os dois últimos são os derradeiros da *Teogonia*, não se conhecendo o entrecho que anunciam), o importante é essa associação das Musas com catálogos, enumerações, sequências, um dado significativo, pois também se encontra em Homero. No mínimo, estamos diante de um certo estilo que configura uma tradição poética, mnemônica e narrativa, sob a assistência das deusas. As Musas, com efeito, parece que amam *katalégein*, ou seja, num sentido etimológico, *catalogar*: partindo do elevado Hélicon, hineiam (*hymneûsai*) Zeus, Hera, Atena, Apolo, Ártemis, Posídon, Têmis, Afrodite, Hebe, Dione, Leto, Jápeto, Cronos, Aurora, Sol, Lua, Terra, Oceano e Noite – e a sagrada raça dos outros imortais que existem sempre (*Teogonia*, 11-21); a morada de Zeus ri e ecoa o nevoso Olimpo quando elas "a raça venerável dos deuses primeiro (*prôton*) louvam (*kleíousin*) com o canto / desde o princípio (*ex arkhês*), os que Terra e amplo Céu engendraram / e os que deles nasceram, deuses doares de bens; / em segundo lugar (*deúteron*) então a Zeus, pai de deuses e homens (...); / e em seguida (*aûtis dè*) a raça dos homens e dos poderosos gigantes" (*Teogonia*, 43-50); finalmente, encontramos a sequência dos versos 104-115 (a invocação), em que Hesíodo declara a ordenação que pretende para seu canto: que elas louvem (*kleíete*) os que nasceram da Terra e do Céu, os que nasceram da Noite, os que criou o Mar – mas ainda que digam (*eípate*) primeiramente *como* (*hos*) deuses e terra vieram a ser, rios e mar, astros e céu, além dos que deles nasceram; ainda mais, *como* (*hos*) dividiram a opulência e repartiram as honras; e, por fim, *como* (*hos*) de início tiveram o rugoso Olimpo – em resumo, que digam (*éspete*) isso desde o princípio (*ex arkhês*) e digam (*eípate*) quem deles primeiro (*prôton*) nasceu.

Vê-se como a sequência de nomes (o catálogo) é coalescente com as sequências narrativas (*katalégein* o que primeiro, o que em segundo lugar etc.). Entretanto, entre as duas primeiras listas e a da invocação há uma diferença importante: na primeira, com efeito, afirma-se que elas *hineiam* Zeus, Hera, Atena etc.; na segunda o que se diz é que elas *louvam*, em primeiro lugar, a venerável raça sagrada dos deuses desde o princípio (ou seja, os que Terra e amplo Céu engendraram e os que deles nasceram), em segundo lugar Zeus, em seguida a raça dos homens e dos gigantes. Ora, não necessariamente isso quer dizer que o hino e o louvor que elas cantam para os deuses sejam a narrativa da própria *Teogonia*, pois não parece que se trate, nesses casos, de narrativas, mas de gêneros de discurso (ou de cantos) diferentes. Apenas na invocação é que o poeta assume o que é típico de entrechos assim – e utiliza, inclusive, o mesmo modo verbal (o imperativo) e os mesmos verbos que Homero (*eípate* e *éspete*) – havendo, a rigor, dois movimentos: o louvor dos que nasceram da Terra e do Céu, da Noite e do Mar; e o dizer como se deu a teogonia propriamente dita, partindo dos primeiros deuses até a repartição das honras e a consagração da supremacia dos que se instalaram no Olimpo. Uma coisa, portanto, seria simplesmente hinear ou louvar este, esse, aquele, aqueloutro (ou aqueloutro, aquele, esse, este), outra coisa é dizer *como* se deu isso, *como* se deu aquilo – apenas no último caso sendo de supor-se que se trate de sequências *narrativas*, que têm uma ordenação natural, a que se faz *ex arkhês*, principiando por quem primeiro veio a ser, ou seja: a sequência adequada a um *lógos* arqueológico e genealógico. O que estou pretendendo ressaltar é que *os cantos* (no plural) das Musas hesiódicas devem ser tidos como múltiplos e diferentes entre si, não como um único canto de que a *Teogonia* seria o registro fiel. O canto de Hesíodo, portanto, seria nada mais que uma das versões, ou melhor, das possibilidades daquilo (no plural) que as Musas sabem e ensinam.

Poéticas da diferença

Não só na *Teogonia*, como também nos *Trabalhos e dias*, as possibilidades do que a Musa ensina se manifestam: trata-se agora de falar sobre a ordem que Zeus dispôs para o mundo natural e humano. A invocação se abre dirigindo-se às Musas e identificando Zeus como objeto do canto ("Musas da Piéria que com cantos louvai, / aqui falai de Zeus, hinenado vosso pai", v. 1-2), para em seguida qualificá-lo ("por ele os homens mortais são por igual sem fama ou famosos" etc., v. 3-9). Trata-se, sem dúvida, de um discurso mais complexo, uma vez que admite não só a segunda pessoa das Musas, mas, no próprio fecho da invocação, uma outra segunda pessoa ("ouve, vendo e ouvindo, e com justiça endireita as sentenças / tu", v. 9-10), que não pode aplicar-se às deusas, posto que os particípios se encontram no masculino (*idòn aíon te*). É a Zeus, portanto, que parece que o enunciado se dirige, provendo uma partição semelhante à que fecha a invocação que precede o catálogo das naus da *Ilíada*: o domínio de Zeus é a regulação do mundo, fortificando ou derrubando, endireitando ou encolhendo, ilustrando ou obscurecendo os homens mortais, motivo por que lhe compete endireitar as sentenças com justiça; a pretensão de Hesíodo, em seu poema, é apenas recortar nesse vasto domínio as verdades (*etétyma*) que deseja dizer a Perses: "eu (*egò*) a Perses verdades (*etétyma*) quero contar (*mythesaímen*)" (*Trabalhos e dias*, 10).

Essas "verdades" manifestam-se de um modo variado, provendo ao texto uma ordenação que agora poderíamos chamar de antropológica e cosmológica. Desse ponto de vista é que acredito que se deva entender a afirmativa metatextual dos versos 661-662: mesmo que eu não tenha nenhuma experiência prática de navegação, "ainda assim falarei da mente (*nóon*) de Zeus que tem a égide, / pois as Musas ensinaram-me a cantar um hino inefável (*athésphaton*)". Apolônio Sofista explica que *athésphatos* significa "como nem um deus diria" (*hoîon oud' àn theòs phatíseien*) e o próprio Hesíodo usa o mesmo adjetivo para qualificar a voz que emitiam as cem cabeças de serpente de Tifeu (*Teogonia*, 830). Ora, parece que só pode ser *athésphatos* um canto que trata de dizer a "mente de Zeus", ou seja, penetrar em seus desígnios, compreender, por dentro, a ordem que ele impõe ao mundo – e só assim o poeta pode falar do que não experimentou. Uma leitura possível seria a que segue uma certa linha platonizante: o poeta fala do que não sabe, por não lhe corresponder nenhuma *tékhne* ou *sophía* (cf. *Apologia* e *Íon*) e pode falar do que não sabe porque é possuído por uma loucura divina (cf. *Fedro*); mas uma outra leitura é também possível – e talvez preferível – ela também platônica: o poeta só pode falar do que não se sabe proferindo *pseúdea* e tem de fazê-lo, sobretudo, quando trata daquilo que é impossível saber-se, pois tais coisas são indizíveis a não ser por meio de *pseúdea* (nos quais pode haver maior ou menor parte de semelhança com a verdade). Observe-se bem: se não sei navegar (não tenho nem a *tékhne* nem a *sophía* correspondentes), mas falo da navegação como se soubesse, então incorro em *pseúdea* (erros) – e ninguém em sã consciência escolheria um piloto cuja *tékhne* se baseie na ignorância. Entretanto, se sei que não sei navegar nem pretendo que meu discurso se baseie na experiência específica da navegação, nem por isso deixarei de proferir *pseúdea*, mas agora se tratará de *pseúdea* baseados não mais na ignorância – o que parece mesmo ser o único meio de dizer coisas indizíveis. Ora, as instruções náuticas que seguem a digressão hesiódica não têm nada de inefáveis, mas são mesmo extremamente simples e práticas (podendo ser ditas por qualquer pessoa que tivesse um mínimo de experiência, direta ou não, da navegação): há a navegação do verão, que é propícia; e a da primavera, possível mas menos segura, que se deve fazer com cuidado (*Trabalhos e dias*, 663-693). Se, entretanto, o poeta pode delas falar, carecendo de experiência, é porque as Musas lhe ensinaram algo sim *athésphatos*, a "mente de Zeus", cuja lógica parece condensada no verso 694: "guarda a medida: a oportunidade é excelente em tudo" (*métra phylássesthai: kairòs d' epì pâsin áristos*). Ou seja, a navegação não escapa da lógica dos demais conselhos: há uma ocasião oportuna (*kairós*) para tudo e em tudo se deve ser comedido (*métrios*).

Sublinhe-se que é a mesma lógica da verossimilhança que rege, portanto, tanto os conselhos mais práticos, quanto os morais (se é assim que a mente de Zeus funciona, então é assim que tudo se deve realizar) – mas é também a mesma regra que regula as narrativas, incluindo as dos *Trabalhos e dias*. De outro modo, como conciliar o relato antropogônico baseado no ardil de Prometeu e na criação de Pandora, com o *lógos* sobre as cinco raças? Em termos de uma oposição ingênua entre verdade e mentira, qual dos dois considerar verdadeiro? Provavelmente, não se pretende que nenhum dos dois o seja, mas que se tenham ambos como *pseúdea*, que entretanto conseguem dizer o indizível (a mente de Zeus). Não haveria nada de extraordinário no fato de que, numa narrativa sobre as origens, se mesclassem tradições diferentes: no *Gênesis* bíblico, por exemplo, observa-se o mesmo procedimento quando, após o relato da criação em sete dias, o narrador inicia uma nova (e diferente) exposição dos primórdios, com a cena do jardim. Entretanto, o narrador bíblico deseja ocultar seu trabalho de justaposição das duas tradições diversas, a sacerdotal e a do javista, passando de uma narrativa à outra com um encaixe que dá a entender que ambas se conjugam: "esta é a história do céu e da terra, quando foram criados; no dia em que Iahweh fez a terra e os céus, e ainda não havia qualquer erva no descampado e ainda não brotava qualquer planta do descampado" etc. (*Gênesis* 2, 4). Até na parte que marquei com um ponto-e-vírgula, trata-se do fecho do relato cosmogônico sacerdotal, cuja composição se supõe posterior ao cativeiro da Babilônia e cujo termo é a criação do homem e da mulher (simultaneamente) no sexto dia, descansando Deus no sétimo; a partir de então, principia o conto mais propriamente antropogônico do javista, que culmina na criação do homem, num primeiro momento, modelado em barro, e, apenas depois, da mulher, a partir da costela de Adão.[4] Esse processo de harmonização de versões diferentes para um mesmo relato, por meio de intervenções discretas, detecta-se em outros pontos da Bíblia, como, a propósito do autor de *Crônicas*, mostra Brettler (1995, p. 26-34): além do Pentateuco, ele revela conhecer outras versões para os fatos que narra, mas seu esforço é conciliar as diferenças, omitindo o que julga sem sentido, resolvendo o que parece inverossímil e complementando o que crê correto porém insuficiente. Chamo todos esses processos de *intervenções discretas* porque a intenção dos diferentes autores parece ser justamente obnubilar as próprias intervenções, dando ao leitor a impressão de uma tradição una e compacta.

Nesse sentido, a opção dos narradores bíblicos afasta-se decididamente da de Hesíodo, que parece não considerar problemática a apresentação de versões conflitantes. Tanto que, para fundamentar os

---

4. Para comentários sobre este último trecho, ver Vaz (1996).

conselhos voltados para os benefícios da medida e da justiça, após narrar o *lógos* antropogônico de Prometeu (que justifica a inelutabilidade do trabalho como parte da condição humana), envolvendo a criação da primeira mulher, Pandora (como parte da vingança de Zeus contra o roubo do fogo), não titubeia ele em acrescentar, introduzindo o *lógos* das raças:

> Eἰ δ' ἐθέλεις, ἕτερόν τοι ἐγὼ λόγον ἐκκορυφώσω
> εὖ καὶ ἐπισταμένως· σὺ δ' ἐνὶ φρεσὶ βάλλεο σῇσιν.
>
> se queres, eu próprio coroarei o *lógos* com um outro diferente,
> bem e sabiamente; e tu, em teu ânimo lança-o. (*Trabalhos e dias*, 106-107)

Como se vê, o que ele declara é que conhece dois *lógoi* antropogônicos diferentes: um *héteros lógos* que narra as peripécias envolvendo Prometeu e Pandora e um *héteros lógos* que relata a sucessão das cinco raças. Sublinhe-se que a oposição, na lógica do grego, é entre *héteros* e *héteros* (outro e outro), não entre um e outro, um e seu diferente, o que permite que se possam considerar os dois relatos como de igual valor, sem qualquer ordem de precedência em vista dos conteúdos. Mais significativo ainda é que o poeta, dirigindo-se a seu destinatário, inicie o verso com um "se queres" (*ei d'ethéleis*), que ecoa o "se queremos" (*eûte ethélomen*) das Musas, quando se dirigiram pela primeira vez a Hesíodo. Do mesmo modo que elas, ao eleger entre *pseúdea* e *alethéa*, agem voluntariamente, também aqui é o próprio poeta que expõe como escolhe, dentre as versões que conhece, as que deseja contar, dirigindo-se ao recebedor de seus versos numa fórmula retórica que justifica o acúmulo de material: por que duas antropogonias? Porque você quer, ou parece que necessita de uma outra versão das origens para compreender o que é a justiça e a injustiça. Entretanto, observe-se ainda, Hesíodo afirma que age *eû* (bem, com destreza) e *epistaménos* (sabiamente, com habilidade, com ciência do que faz). Por que acrescentar à declaração de que apela para dois *lógoi* diferentes esses advérbios? Provavelmente para dizer que, como os da Musa, se trata de *pseúdea* que supõem exatamente esse consentimento – e não a ignorância que provoca o erro. De fato, não haveria como supor que os dois *lógoi* diferentes não fossem tidos como *pseúdea*, porque, enquanto diferentes um com relação ao outro (*héteroi*), não poderiam ser ambos verdadeiros, nem seria razoável que apenas um deles o fosse. Nos domínios do *pseûdos* é que a diferença – mais exatamente, a heterologia – torna-se possível, uma vez que a verdade aparece como excludente de tudo mais. Com efeito, o *lógos* de Prometeu-Pandora e o das cinco raças não poderiam ser menos fictícios que o *aînos* (a fábula) do gavião e do rouxinol, que fecha a sequência das três narrativas dos *Trabalhos e dias*.

7

FICÇÕES ODISSEIAS

Em seu cumprimento a Ulisses, vimos como Alcínoo o compara a um aedo, uma vez que "a história (*mython*), como um aedo, com conhecimento contas (*epistaménos katálexas*)". Isso significa que um traço característico da perfórmance do aedo é contar algo *epistaménos*, o mesmo advérbio que Hesíodo utiliza para indicar como narrará o entrecho das cinco raças. Não é desprezível que o termo derive de *epístamai*, saber, tanto no sentido de ser capaz ou apto para algo quanto no de ser versado, ter o hábito de fazer alguma coisa. Assim, *epistaménos*, em função adjetiva, significa hábil, entendido, experiente, acostumado, não se restringindo a uma acepção intelectual, mas indicando um tipo de facilidade que provém do conhecimento e da prática (na *Ilíada* V, 222 e VIII, 104, aplica-se aos cavalos de Trós, que são *epistaménoi... diokémen edè phébesthai*, isto é, hábeis em perseguir e fugir). O advérbio correspondente expressa a ideia de algo que se faz com perícia, seja, como na *Ilíada* (VII, 317), aplicado ao esquartejar com habilidade um touro (*místyllón t' ár' epistaménos*), seja, como na *Teogonia* (86-87), aos reis sobre cujas línguas as Musas vertem um doce orvalho, de modo que, falando de forma certeira, fazem cessar, com perícia, mesmo uma grande contenda (*ho d' asphaléos agoreúon / aîpsá ke kaì méga neîkos epistaménos katépausen*). A fórmula hesiódica (*eû kaì epistaménos*) ocorre também nos poemas homéricos, como na *Odisseia* (XX, 161), quando se afirma que os criados *eû kaì epistaménos kéasan xýla* (rachavam lenha bem e habilmente), ou, na *Ilíada* (X, 265), na descrição das armas atribuídas a Ulisses, ao dizer-se que o capacete era decorado, por fora, com brancos colmilhos de javalis de alvos dentes, dispostos em filas cerradas, bem e habilmente (*éktosthe dè leukoì odóntes / argiódontos hyòs thamées ékhon éntha kaì éntha / eû kaì epistaménos*). Fazer algo *epistaménos* parece implicar, portanto, deter um certo conhecimento sobre o que se faz, aliado à experiência que produz a habilidade, não se podendo reduzir a perícia nem só ao saber, nem só à prática.

Um

A primeira das narrativas fictícias que Ulisses elaborará visando a ocultar sua identidade, no processo de volta gradativa ao mundo humano, responde à questão costumeira que se propõe a um *xeînos*, a ele dirigida por Arete, na corte dos feácios: "estrangeiro, isto a ti, em primeiro lugar, eu mesma perguntarei: / quem és, donde entre os homens?" (*xeîne, tò mén se prôton egòn eirésomai auté: tís, póthen eis andrôn?*, *Odisseia*, VII, 237-238). Contudo, a pergunta de Arete comporta ainda um outro dado, que foge do interrogatório usual, pois deseja, ela também, saber "quem te deu essas vestimentas?" (*tís toi heímat' édoken?*), uma vez que Ulisses havia dito que chegara a Esquéria após um naufrágio (*ou dè phèis epì pónton alómenos entháď hikésthai?*, *Odisseia*, VII, 238-239). Na verdade, sabemos pelo narrador a motivação desse acréscimo: a rainha havia reconhecido as belas vestimentas tecidas por ela própria e suas servas (as quais haviam sido dadas ao herói por Nausícaa).

A resposta de Ulisses elabora-se de uma maneira também aparentemente comum, principiando com as considerações introdutórias sobre a dificuldade de expor o que se pede e continuando com o relato de sua viagem de Ogígia até Esquéria, onde agora se encontra:

> Penoso (*argaléon*), ó rainha, seria contar-te sem interrupções (*dienekéos agoreûsai*)
> todos os males, que a mim propinaram os deuses eternos.
> Mas isto te direi, o que me perguntas e queres saber.
> Muito distante, no mar, vê-se uma ilha, que Ogígia se chama,
> onde demora a ardilosa Calipso, de tranças bem feitas,
> filha de Atlante. É uma deusa terrível, com quem convivência
> não tem criatura nenhuma, nem mesmo nenhum dos eternos. [...]
> Por um setênio contínuo ali estive detido, com lágrimas

sempre a banhar os vestidos imortais (*heímata... ámbrota*), que a deusa me dera.

Mas, depois que, no transcurso do tempo chegou o oitavo ano,
ela incitou-me, ordenando seguir, sem delongas de viagem,
ou por desígnio de Zeus, ou porque se mudasse ela própria.
Numa jangada bem feita deixou-me partir, tendo posto
nela bom vinho e alimento; com roupa divina (*ámbrota heímata*) vestiu-me.
Fez que soprasse, em seguida, um bom vento, propício e agradável.
Dias singrei dezessete no dorso do mar, desse modo;
mas, no seguinte, desta ilha surgiram os montes escuros.
Já o coração se alegrava no peito do triste coitado;
tinha porém de passar muitos outros reveses, sem conta,
que de Posido me vinham, que os muros da terra sacode.
Desencadeou ventos fortes, que a viagem de todo impediram;
o mar imenso agitou, sem que as ondas, sequer, permitissem
que da jangada pudesse valer-me na minha desdita,
pois a procela a desfez. Vi-me, pois, a avançar obrigado,
sempre nadando, através da voragem, até que à paragem
em que habitais me lançaram os ventos e as ondas marinhas.
Para alcançar terra firme, forçaram-me as ondas violentas
contra uns imanos rochedos, na costa de aspecto tristonho.
Retrocedendo, porém, novamente nadei, até ver-me
na foz de um rio, onde quis parecer-me lugar apropriado,
por ser sem pedra nenhuma e abrigado da força dos ventos.
Quase sem vida caí sobre o solo ao baixar a divina
Noite. Depois afastei-me do rio, do céu oriundo,
para ir dormir sobre um monte de folhas, que eu próprio ajeitara,
entre uns arbustos; um deus me infundiu profundíssimo sono.
Nesse lugar, entre as folhas, dormi, apesar do cansaço,
toda essa noite e a seguinte manhã, té a metade do dia.
O doce sono de mim se apartou, quando o sol se deitava.
Foi nesse instante que vi sobre a praia a brincar as criadas
de tua filha, que entre elas estava qual deusa inefável.
Aproximei-me e falei-lhe; mostrou ser dotada de juízo,
como jamais esperara que jovem por essa maneira

me respondesse, que os moços estúrdios são sempre e insensatos.
Deu-me à vontade alimentos e vinhos de rútilo aspecto;
fez-me no rio banhar e, por fim, me brindou com estas roupas (*moi táde heímat'édoke*).
Eis a verdade de tudo, apesar da aflição que me oprime. (*Odisseia*, VII, 241-243, tradução de Carlos Alberto Nunes, com modificações)

Citei a resposta na íntegra (omitindo apenas um trecho que pode ser interpolado e que em nada afeta o que nos interessa) para que se perceba como, ao que parece, Ulisses entende que o mais intrigante para a curiosidade de Arete é a questão relativa às vestimentas, dando-lhe a oportunidade de abrir seu discurso com uma fala astutamente ambígua: seria penoso dizer tudo, mas vou responder ao que queres (de fato) saber (como estou vestindo roupas tecidas no palácio). Assim, do verso 244 a 260, ele finge responder à primeira parte das questões (quem é você e donde entre os homens?), enquanto de 261 a 266 descreve sua partida de Ogígia (que desembocará no naufrágio) e, de 267 a 296, descrevendo sua viagem e chegada a Esquéria como náufrago, justifica o porquê das roupas que traz. O tema das vestimentas é tão importante que a primeira parte se fecha com a referência de que ele permanecera em Ogígia por sete anos, "as vestimentas sempre/ com lágrimas temperando, vestimentas imortais que me deu Calipso" (*heímata d'aeì/ dákrusi deúeskon, tá moi ámbrota dôke Kalypsó*); a segunda parte termina informando que, ao enviá-lo pelo mar, Calipso, além de provê-lo de pão e de vinho, o revestira com "vestimentas imortais" (*ámbrota heímata*); enfim, o fecho de toda a narrativa consiste em falar das vestimentas que, juntamente com alimentos, vinho e o banho de rio, lhe dera Nausícaa (*kaí moi táde heímat' édoke*).

Afirmei que Ulisses finge responder ao questionamento de Arete porque, embora na maior parte tenha sido verdadeiro, numa coisa, a principal, esquivou-se: em dizer quem era e de onde entre os homens provinha, o que são as primeiras e, supõe-se, as duas mais importantes das informações que era requisitado a dar. A questão do ocultamento do nome de Ulisses no decorrer do poema tem sido bastante discutida, entendendo Fenik, com relação à cena em causa, que se trata de um procedimento típico da *Odisseia*, com vistas a criar um clima de "drama, suspense, ironia" (Fenik, 1974, p. 53). O que, entretanto, desejo sublinhar é que não se trata apenas de eludir o nome próprio (o que seria uma tarefa simples, bastando que Ulisses, como faz muitas vezes, se apresentasse sob um pseudônimo); o digno de nota é como, para evitar essas respostas, digamos, naturais e esperadas de um hóspede (*xeînos*), ele desvia a atenção de sua interlocutora para a questão das vestimentas, sendo nisso totalmente verídico – o que constitui mais uma dentre as tantas manifestações de sua astúcia, uma vez que a tecelagem é uma questão, na *Odisseia*, tipicamente feminina e ninguém melhor que Arete estaria em condições de conferir a veracidade do que ele fala quanto a isso (cf. Papadopoulou-Belmehdi, 1994, p. 161-163). Assim, ele oculta seu nome, furtando-se a responder. Mais ainda, diz-se procedente de Ogígia, o que constitui uma resposta, sim, ao que a rainha perguntara (sem dúvida verdadeira, pois o narrador nos garante que assim as coisas se passaram), mas uma resposta apenas pela metade, pois a pergunta fora não sobre donde ele vinha, mas donde era entre os homens (*póthen eis andrôn*), isto é, qual sua pátria. Portanto, ele também oculta o ser de Ítaca.

Uma explicação para essa dupla resistência poderia ser buscada no fato de que, com efeito, desde o embate com Polifemo, ele se nomeara como Ninguém – daí o lugar vazio de seu nome, a impossibilidade de que o proferisse antes de recuperar sua identidade e sua história por meio da grande narrativa no banquete dos feácios. Dizer que vem de Ogígia (uma ilha perdida no mais extremo do mar) também pode significar que não provém mais de lugar algum, pois perdeu sua pátria, com seu nome, no dia do retorno. Assim, antes de proferir, na abertura da narrativa no banquete: "sou Ulisses Laertida... habito Ítaca" – antes disso não teria mais a dizer senão que era ninguém vindo de uma ilha perdida. Entretanto, seria necessário observar que, se Ulisses se tornou ninguém, foi por obra de seu próprio *pseûdos*. Assim, se permanece como ninguém é porque deseja que perdure o *pseûdos*. Nada o impede de, a qualquer momento, como acontece nos encontros com Circe, Calipso e os mortos, ou como acontece no episódio das Sereias, que o chamam pelo nome, nada o impede de romper o prolongamento desse gênero de discurso e nomear-se ou deixar-se nomear: alguém, filho de alguém, de tal lugar. Na resposta a Arete, portanto, é como se o herói ensaiasse regressar aos poucos à sua própria identidade e ao discurso apropriado para dizê-la, evitando prudentemente fazê-lo de chofre. Com efeito, a resposta, como um todo, classifica-se como *pseûdos* ainda que contenha uma grande parte de verdade (naquilo que menos interessa), ou seja, ficcionaliza a viagem autêntica de Ulisses como se fosse a de ninguém, filho de ninguém, apátrida – não criando um nome novo, como ele fará depois, ao contar a história de Éton a Penélope, mas deixando vazio esse lugar do sujeito que daria sentido a toda a narrativa. A questão das vestimentas fornece-lhe, na verdade, o gancho para construir uma história verossímil que lhe permite eludir o elemento principal: seu nome. Todavia, ainda que sem nomear sua personagem, ele representa um papel (como na resposta a Penélope), aqui mais verossímil porque é o papel de si mesmo. Um deslocamento importante: sei, digo a verdade, mas digo como se não fosse eu – logo, represento, o que remeteria para a fórmula de Aristóteles, segundo a qual "todo *lógos pseudés* é sobre algo diferente daquilo sobre o qual é verdadeiro" (*Metafísica*, V, 1024 b). Assim, quando ele fecha todo seu discurso afirmando que "mesmo afligido com isso, a verdade te conto" (*aletheíen katélexa*), não está mentindo, pois contou de fato (e o fez *katà moîran*) o que se passou de Ogígia até Esquéria, embora minta ao deixar que se entenda que não foi Ulisses que por tudo passou (o que, de alguma forma, aproxima seu *pseûdos* do de Isolda, uma vez que ele não responde à pergunta, mas diz a verdade).

Dois

Na casa de Eumeu, Ulisses, que se apresenta como o velho náufrago exilado, é, de novo, instado a responder à pergunta comum da parte de quem acolhe um *xeînos*: "quem és, donde entre os homens, qual tua cidade e teus genitores?" (*tís, póthen eis andrôn; póthi toi pólis edè tokêes*) – e, mais ainda: "aportate aqui em que nau? como os nautas te conduziram a Ítaca?" (*Odisseia*, XIV, 187-189).

A resposta principia com a garantia de que "com certeza isto muito exatamente eu te direi" (*toì gàr egó toi taûta mál'atrekéos agoreúso*), embora o velho garanta que poderia ficar todo o ano a contar o quanto sofrera (*Odisseia*, XIV, 192-198). Daí prossegue com a declaração de sua procedência e linhagem, nestes termos (o que chamaremos de entrecho 1):

(Entrecho 1)

de Creta (*ek Kretáon*) vastíssima agradeço por ser de linhagem (*génos*),
de homem de ricos haveres filho, a quem muitos outros nasceram
filhos legítimos, todos criados no próprio palácio
pela mulher; eu nasci de uma escrava por ele comprada.
A mim tinha afeição, qual se filho legítimo fosse,
o herói Castor, filho de Hílace, de quem me orgulha ser filho,
que, qual um deus, pelo povo de Creta era honrado e estimado,
graças à sua riqueza e em virtude dos filhos ilustres. (*Odisseia*, XIV, 199-206, tradução de Nunes, com modificações).

Detalha ele ainda as circunstâncias de como, após a morte do pai, coube-lhe pouco em herança e como desposou uma filha de pais abastados. Declara ter sido um guerreiro valente, dedicando-se a inúmeras batalhas, motivo por que acabou por envolver-se também na Guerra de Troia:

(Entrecho 2)

Inda antes de irem os filhos dos homens aqueus para Troia,
já vezes nove chefiara guerreiros e céleres naves
contra outros povos, de longe, fazendo abundante colheita.
Ricos presentes do espólio sabia escolher, outras peças
sempre depois me tocavam, trazendo-me ao lar a abundância,
e cada vez mais temido e acatado entre os homens de Creta.
Mas, quando Zeus, que vê longe, mandou contra nós a funesta
expedição, que foi causa da morte de muitos guerreiros,
a Idomeneu, juntamente comigo, tocou a incumbência
de governar umas naus para Troia. Pretexto não tive
para escusar-me, que então conquistara ruim fama no povo.
Lá, por nove anos, lutamos os filhos dos povos aquivos;

mas no dezeno, depois de destruirmos os muros de Príamo,
viemos de volta. Um dos deuses o exército acaio dispersa. (*Odisseia*, XIV, 229-242, tradução de Nunes)

Após a referência aos sucessos de Troia, o velho continua dizendo que ficou apenas "um mês" entre os seus, partindo então para o Egito e atingindo a corrente do Nilo no "quinto dia", onde se ancoraram as naves recurvas:

(Entrecho 3)
Aos companheiros diletos dei logo instruções apropriadas,
para que junto das naves ficassem, de guarda a elas todas,
e distribuí logo espias, mandando que aos postos fossem.
Os orgulhosos, porém, pela própria cobiça levados,
os belos campos dos homens egípcios puseram-se logo
a devastar, carregando as mulheres e tenras crianças,
e a morte a dar aos varões. Logo o alarma chegou à cidade. (*Odisseia*, XIV, 259-265, tradução de Nunes)

Acorrem os guerreiros, acuando os invasores e mesmo matando muitos deles, a outros capturando como escravos. Ele, o narrador, entretanto, concebeu uma ideia (que agora considera pior que se tivesse então morrido) e, arrancando as armas, aproximou-se do carro do rei, abraçou-lhe os joelhos e por ele foi salvo. Assim principia sua estada de sete anos no Egito, interrompida pela astúcia de um certo fenício:

(Entrecho 4)
Sete anos lá demorei, a reunir infinitas riquezas,
no meio dos moradores do Egito, que tudo me davam.
Mas, no volver das sazões, quando o curso da oitava chegara,
apresentou-se um fenício, sabido em toda arte de embustes,
enganador, que já tinha entre os homens maldades causado.
Com grande lábia soube ele suadir-me a que fôssemos juntos
para a Fenícia, onde casa possuía com muitos haveres.
Em sua casa fiquei pelo curso completo de um ano.
Quando, porém, no decurso de um ano, já os meses e dias
tinham passado, e de novo as sazões costumadas voltaram,

em uma nau sulcadora me fez embarcar para a Líbia,
sob o pretexto enganoso de a carga a levar ajudá-lo;
mas intentava vender-me por lá, para obter muito lucro. (*Odisseia*, XIV, 285-297, tradução de Nunes)

A viagem será interrompida pelo imprevisto duma tempestade, com consequente naufrágio:

(Entrecho 5)
Quando a paragem de Creta deixamos e não mais se via
terra nenhuma, senão mar e somente o céu vasto por cima,
fez o de Crono nascido surgir uma nuvem sombria
por sobre a côncava nave, que as ondas escuras deixava.
Zeus a um só tempo troveja e um relâmpago expede ao navio;
este girou sobre si, quando foi pelo raio atingido;
cheiro de enxofre se espalha; no mar foram todos lançados.
Tal como gralhas em torno da nave de casco anegrado
eram das ondas levados; um deus os privou do retorno.
O próprio Zeus, apesar de eu também me encontrar nesse transe,
um grande mastro da nave de casco de cor anegrada
pôs-me nas mãos, para que dos perigos fugir conseguisse.
Nele abraçado, deixei-me levar pelos ventos funestos. (*Odisseia*, XIV, 301-313, tradução de Nunes)

Então vem a chegada, como náufrago, à terra dos tesprotos:

(Entrecho 6)
Por nove dias vaguei; mas, à noite do décimo, escura,
uma onda grande atirou-me na terra dos homens tesprotos,
cujo monarca, Fidão valoroso, me acolhe benigno,
sem pagamento, que pela umidade e cansaço vencido
fui por seu filho encontrado, que ao régio palácio me leva
no próprio braço amparado, até os paços do pai alcançarmos,
onde uma túnica e um manto me deu porque o corpo eu cobrisse. (*Odisseia*, XIV, 314-320, tradução de Nunes)

Aí, o narrador afirma que teve "notícias seguras" de Ulisses, pois Fidão o havia hospedado e tratado, o que constitui um conjunto de informações extremamente importante, que tem como objetivo transmitir a Eumeu a mensagem principal, que justifica mesmo a elaboração de todo esse longo *pseûdos*: Ulisses está de volta e deve chegar logo, pois o navio e os homens que o conduziriam a Ítaca estavam a postos, aguardando apenas seu regresso de Dodona (*Odisseia*, XIV, 321-333). Todavia, antes de Ulisses voltar, o rei mandou repatriar nosso narrador, aproveitando o fato de haver um navio que, por acaso, se achava de partida para Dulíquio, o que acrescenta nova reviravolta à história, levando-a a seu termo:

(Entrecho 7)

Mas, antes disso, Fidão mandou-me de volta, que, acaso, uma nave
para Dulíquio, de trigo abundante, partiu com tesprotos.
A esses tinha ele ordenado com muito carinho levarem-me
ao rei Acasto; ocorreu-lhes, porém, uma ideia funesta
a meu respeito, porque na miséria mais negra afundasse.
E, quando a nau sulcadora já estava mui longe de terra,
foi maquinado por eles fazerem-me escravo ali mesmo.
Tiram-me logo do corpo os vestidos, um manto e uma túnica,
e vis andrajos lançaram-me em cima, assim como este manto
cheio de furos, conforme tu próprio ante os olhos contemplas.
Aos campos de Ítaca, ao longe visível, à tarde chegaram.
Eles, então, me amarraram no barco de boa coberta
com uma corda torcida e bem feita. Depois para terra
todos saltaram, ceando apressados na praia marinha.
Mas desataram-me as cordas as próprias deidades eternas,
mui facilmente. Envolvendo a cabeça naqueles farrapos,
escorreguei pelo leme polido e, nas ondas e peito
tendo afundado, nadei, como remos dos braços valendo-me,
sempre a avançar, té ser longe do mar e daqueles imigos.
Vim para terra, onde mancha se encontra da mata florida;
lá, agachado, me escondo. Eles todos com muitos lamentos
correm de um lado para outro. Por fim, pareceu-lhes mais útil
não prosseguir nas pesquisas, e, assim, se fizeram de volta
para a nau côncava. Os deuses eternos deixaram-me inviso

mui facilmente, fazendo-me, alfim, alcançar a morada
de um varão sábio, pois, certo, é do fado que eu viva mais tempo. (*Odisseia*, XIV, 334-359, tradução de Nunes)

Recordemos: o ouvinte (ou leitor) de Homero sabe que se trata de um longo *pseûdos*, o mais elaborado de quantos Ulisses profere no interesse de salvar-se a si mesmo, exibindo e confirmando sua astúcia. Por outro lado, estamos diante de um dos famosos relatos enquadrados na narrativa principal, com os quais Homero se compraz em retardar o desfecho da ação, desviando a atenção do recebedor e prolongando o espaço e o prazer da narrativa, para exibir sua própria astúcia poética. Se o recebedor sabe que se trata de um *pseûdos*, do ponto de vista das informações que fazem prosseguir a própria *Odisseia* não haveria razões para ocuparem-se de mais de cento e sessenta versos com essa história inventada, bastando que o poeta afirmasse que Ulisses se fingiu de velho e contou *pseúdea* ao porqueiro. Que não se duvida da capacidade que ele, o poeta, tem de resumir ou alargar os entrechos narrativos com que lida. Portanto, introduzir essa lengalenga do velho, em discurso direto, não pode dever-se a inépcia, não pode ser tido como uma marca de "narrativa primitiva".[1] Que a digressão do conto cretense não se deve a inépcia comprova o próprio poeta, ao mostrar-nos que sabe resumir tão bem quanto alargar e que, assim, poderia ter condensado o *pseûdos* de Ulisses, como o próprio Eumeu o faz, em meia dúzia de versos, para Telêmaco que lhe perguntara a propósito do *xeînos* que em sua casa se encontra: "como veio o estrangeiro até aqui? de que modo o puseram/ os marinheiros em Ítaca? e como diziam chamar-se?" (*Odisseia*, XVI, 57-58):

τοιγὰρ ἐγώ τοι, τέκνον, ἀληθέα πάντ᾽ ἀγορεύσω.
ἐκ μὲν Κρητάων γένος εὔχεται εὐρειάων,
φησὶ δὲ πολλὰ βροτῶν ἐπὶ ἄστεα δινηθῆναι
πλαζόμενος· ὣς γάρ οἱ ἐπέκλωσεν τά γε δαίμων.

1. Mesmo que, como lembra Todorov (1979, p. 69-71), não se possa jamais saber com base em que se escolheram os traços das chamadas narrativas primitivas, dentre os quais a "lei do verossímil", a "lei da unidade dos estilos", a "lei da não contradição", a "lei da não repetição" e a "lei anti-digressiva".

νῦν αὖ Θεσπρωτῶν ἀνδρῶν παρὰ νηὸς ἀποδρὰς
ἤλυθ' ἐμὸν πρὸς σταθμόν.

com certeza eu próprio, filho, toda a verdade te direi (*alethéa pánt'agoreúso*):
de Creta (*ek Kretáon*) vastíssima ele agradece por ser de linhagem (*génos*);
diz ter viajado por muitas cidades dos homens (*pollà brotôn epì ástea*),
sem rumo certo, que assim lhe um demônio teceu o destino.
Ora fugir conseguiu do navio de uns homens tesprotos,
de onde à cabana me veio. (*Odisseia*, XVI, 61-66, tradução de Nunes, com modificações)

É significativo que Eumeu prometa a Telêmaco dizer "toda a verdade" (*alethéa pánt'agoreúso*) e Ulisses abra sua história com fórmula semelhante: "estas coisas muito exatamente eu te direi" (*taûta mál'atrekéos agoreúso*). Aparentemente, trata-se da mesma declaração, tanto que Nunes traduz ambas as expressões como "contar-te a verdade" (*Odisseia*, XIV, 192) e "relatar a verdade" (*Odisseia*, XVI, 61). Entretanto, o advérbio *atrekéos* significa *exatamente*, *com precisão*, aplicando-se o adjetivo correspondente, *atrekés*, neste mesmo canto, para precisar uma cifra, quando Telêmaco, respondendo à pergunta de Ulisses sobre quanto são os pretendentes (*moi mnestêras arithmésas katálexon*, *Odisseia*, XVI, 235), declara que não são "exatamente uma dezena nem apenas dois" (*oút' àr dekàs atrekès oúte dý' oîai*, *Odisseia*, XVI, 245). No canto seguinte, é Teoclímenes quem garante a Penélope que *atrekéos* profetizará que Ulisses já voltou e anda por Ítaca (*atrekéos... manteúsomai*, *Odisseia*, XVII, 154). Mais esclarecedor, contudo, para nossos propósitos, é o fato de que Atena, sob a forma de Mentes, respondendo à pergunta de Telêmaco, que lhe pede que conte exatamente (*atrekéos katálexon*) quem é, donde entre os homens, qual sua cidade e seus genitores (*tís, póthen eis andrôn? póthi toi pólis edè tokêes?*, *Odisseia*, I, 169-170), abra sua resposta com o verso de Ulisses: "com certeza isto muito exatamente eu te direi" (*toì gàr egó toi taûta mál' atrekéos agoreúso*, *Odisseia*, I, 179), com o qual introduz o *pseûdos* sobre Mentes. Assim, se de um lado *atrekés* pode ser uma das muitas formas de denominar o verdadeiro (enquanto algo exato, fidedigno), não poderia exatamente ser reduzido a *alethés*: quando Eumeu afirma que dirá toda a verdade (*pant'alethéa*) a Telêmaco, não tem a intenção de mentir e, do ponto de vista das intenções, não está mentindo, embora repita sim o *pseûdos* que lhe contara antes Ulisses, logo: erra por ignorância, ao mentir inconsentidamente. Essa situação jamais se aplica (e jamais se aplicaria) ao próprio Ulisses, que, se mente (*pseúdetai*), o faz consentidamente, sabendo a verdade (como, aliás, só poderia fazer também Atena, que é deusa). Nesse sentido, *alethéa agoreúein* não parece equivaler a *atrekéos agoreúein* a não ser do ponto de vista do próprio discurso: de uma perspectiva ingênua, posso dizer a verdade ou não; mas, da perspectiva das ficções odisseias, posso dizer a verdade e não, desde que saiba mentir *atrekéos*, com exatidão, com a riqueza de detalhes e a coerência que encontramos no conto de Ulisses a Eumeu.

Como se constrói essa coerência? Em primeiro lugar, a partir de vários indícios que encenam a exatidão do próprio discurso, o mais evidente dos quais o gosto pela enumeração (que já observamos em outros relatos): por nove vezes chefiei guerreiros antes de ir para Troia; um mês estive em casa depois da volta, partindo então para o Egito, onde cheguei no quinto dia; sete anos demorei no Egito, partindo então para a Fenícia, onde permaneci por um ano completo. Toda essa contabilidade é necessária para que o conto seja *atrekés*, ou seja, corresponda exatamente ao tempo que Ulisses está fora de casa, uma vez que o velho é, ele também, um ex-combatente de Troia, da peleja que durara outros nove anos: se, após a guerra, ele permaneceu sete anos no Egito e um na Fenícia, está, portanto, no nono ano de exílio, exatamente como Ulisses. Parece que, tanto no caso de um quanto do outro, é a duração da guerra que torna os nove anos uma conta *atrekés*, fazendo com que os vários relatos (incluindo o do poeta) se encaixem com precisão.

Além disso, ressalta como o velho exilado constrói seu conto com base em experiências que são de Ulisses: além da participação nos sucessos de Troia, ao lado de Idomeneu, rei de Creta (como se narra no que chamei de entrecho 2), a situação descrita no entrecho 3 assemelha-se ao experimentado por Ulisses e seus companheiros na terra dos cícones, quando, após ter saqueado Ísmaro e distribuído o butim, o herói propõe aos demais que "com pés mui velozes/ logo fugíssemos", mas eles preferiram ficar na praia a beber vinho, a sacrificar ovelhas e bois, dando ocasião a que os cícones, pedindo socorro aos vizinhos, os atacassem e muitos matassem (*Odisseia*, IX, 39-61). A tempestade e o naufrágio relatados no entrecho 5 lembram a sorte dos companheiros e de Ulisses imediatamente antes da chegada deste a Ogígia, na noite do décimo dia, após ter vagueado, agarrado aos destroços do navio, outros nove (*Odisseia*, XII, 403-449, com destaque para a coincidência dos versos 403-406 com os versos 301-304 de nosso entrecho 5, com a única diferença de que, enquanto em 403 se lê *nêson* (ilha) – isto é, a Ilha do Sol –, em 301 se lê *Kréten*, Creta; também os fechos das duas partes ecoam-se mutuamente: *énthen d'ennêmar pherómen: dekátei dé me nyktì/ nêson es ogugíen pélasan theoí, éntha Kalypsò naíei...*, "daí por nove dias fui levado e, na décima noite,/a uma ilha, em Ogígia, lançaram-me os deuses, onde Calipso habita...", XII, 447-448; *ennêmar pherómen, dekátei dé me nyktì melaínei/ gaíei Thesprotôn pélasen méga kyma kilíndon / énthá me Thesprotôn basileùs...*, "por nove dias fui levado e, na décima noite escura,/ à terra dos tesprotos uma grande onda revolta me lança,/ onde o rei dos tesprostos...", XIV, 314-316). No entrecho seis lemos como o velho, vencido pelo cansaço, foi encontrado pelo filho do rei, que até o palácio do pai o conduz, dando-lhe uma túnica e um manto, num paralelo com o encontro de Ulisses com Nausícaa, extensamente narrado pelo próprio poeta (esta filha de rei também o encontra nu, dá-lhe as vestimentas que provocam a curiosidade de Arete e o conduz ao palácio, cf. os cantos VII-VIII).

Podem-se debitar todos esses paralelos à própria estrutura formular dos poemas homéricos, em que não apenas expressões e versos se retomam, mas também cenas. Entretanto, não se trata de retomadas aleatórias. É totalmente estranha à experiência de Ulisses a atitude do velho que, para salvar a vida, se abraça aos joelhos do rei do Egito como suplicante, bem como a estada naquele país (que, entretanto, pode ecoar a experiência de Menelau), a temporada na Fenícia e, sobretudo, tudo que se conta no entrecho 7. Na verdade, todo este conto cretense lembra mais os romances gregos (que surgirão apenas a partir do primeiro ou segundo século de nossa era), com as andanças alucinadas de seus protagonistas pelo espaço do Mediterrâneo (o que só comprova como

Ulisses é deveras o *arkhegós* de váriados gêneros). É como se, após a estada na corte de Fidão, o relato do velho se dobrasse sobre si mesmo a fim de prover um desfecho para a trama diferente (como fazê-lo de outro modo?) do desfecho das erranças de Ulisses: enquanto este é transportado de fato pelos feácios até Ítaca, durante noite de tranquilo sono, o pobre velho, que Fidão manda seja levado até Dulíquio, para ser acolhido pelo rei Acasto, é enganado pelos marinheiros (em que Fidão confiara) e, de novo, como no episódio do fenício, destinado a ser vendido como escravo. A dobra da narrativa, que poderia ser, portanto, infinda, como serão as *Histórias verdadeiras* de Luciano, ou aparentemente sem fim, como na técnica de Xenofonte de Éfeso – essa dobra cumpre a função de levar a narrativa a um termo tal que explique a presença do narrador em Ítaca, com os trajes miseráveis com os quais se encontra (e assim se retoma também o motivo das vestimentas, cuja função já analisamos no relato a Arete).

As vestes, a referência a Idomeneu, a Creta, ao Egito, à Fenícia e à Líbia seriam outros tantos elementos que garantem a coesão da narrativa: como já foi observado por vários comentadores, é significativo que, passando-se o relato na corte dos feácios em locais geograficamente não localizáveis, justamente nos relatos fictícios é que as referências à geografia comum abundam (cf. Segal, 1962). Em princípio, seriam recursos de verossimilhança – e, se assim for, poderemos concluir que *atrekéos agoreúein* deve ser entendido como narrar com verossimilhança. Mais ainda: se for assim, então o verossímil, mais que simplesmente *semelhante ao verdadeiro*, deve ser entendido como o *narrado com exatidão, com coesão, com autenticidade*. Ao resumir a história do velho para Telêmaco, embora Eumeu não minta consentidamente, não narra com exatidão: ele só diz a verdade (que lhe disse o velho), mas não desenvolve um relato *atrekéos*, como se não lhe importasse a autenticidade do discurso, que só se institui na medida em que o ouvinte o percebe como coeso e exato. Para Eumeu, basta dizer a verdade. É por isso que ele mente. Por ignorância. Para Ulisses, a verdade não é bastante: os domínios desta não comportam a versatilidade de um herói *polýtropos*. É por isso que ele mente. Por conhecer como se elabora um discurso verdadeiro.

Essa perícia manifesta-se, sobretudo, quando Ulisses explora as possibilidades que haveria em sua própria história, ou seja, no relato que dela faz o poeta, disputando assim, de um certo modo, com este. Já observei o paralelismo que há entre a chegada à terra dos tesprotos e à dos feácios: o náufrago salvo pelo filho do rei, que o conduz ao palácio, dando-lhe vestimentas, e o náufrago salvo pela filha do rei etc.; como Fidão, Alcínoo também acolhe Ulisses benignamente, sem pagamento; como este despacha o herói para Ítaca, em nau conduzida pelos feácios, também Fidão envia o velho para casa, sob a guarda dos tesprotos. Até aqui o paralelismo, que poderia justificar-se, como já sublinhei, pelo princípio de Stanislavski: é com base em sua experiência que Ulisses logra construir sua personagem (e a saga que lhe compete) de modo convincente. Mas há mais, do ponto de vista narratológico. Com efeito, findo o percurso paralelo, Ulisses se compraz em desviar sua narrativa da de Homero (o que, no fundo, seria algo como Homero explorando as possibilidades de sua própria narrativa): a traição dos marinheiros tesprotos que tramam vender o passageiro como escravo abriria um novo ciclo de histórias – contadas de modo verossímil. Como se o poeta dissesse: Ulisses chegou bem a Ítaca, conduzido pelos feácios, mas poderia tê-lo feito, levado (traído) pelos tesprotos – o que configuraria nada menos que um novo percurso (uma nova *oíme*), que, aliás, convergiria na chegada a Ítaca e na questão das vestimentas. Subjaz, parece, o pressuposto de que, na esfera do contar (*katalégein*), há possibilidades incontáveis: há mesmo as que se contam e as que não se contam, permanecendo na esfera do possível ou apenas esboçadas. Ensinamento da Musa. Prática de Ulisses. (De Homero.)

O cume da astúcia, entretanto, no conto cretense, encontra-se no entrecho 1, quando Ulisses cria sua personagem: diz-se de Creta, filho de Castor, neto de Hílace, detalha sua condição familiar – não filho legítimo, mas nem por isso menos considerado pelo pai – desdobra-se no relato do casamento vantajoso e das riquezas e honras de que gozava. Mas cala o que principalmente lhe fora perguntado: seu nome. Ainda, portanto, que responda à questão de Eumeu, relativa a sua identidade e origem (quem, donde entre os homens?) com mais detalhes do que quando respondera a Arete, elude o principal. Tanto que o conto cretense é o relato de uma personagem anônima, que fala em primeira pessoa, mas finge. O lugar do eu continua vazio. Ainda que, ao lado do grande conto na corte dos feácios, todo esse entrecho seja sintomaticamente o avatar dos relatos em primeira pessoa, do testemunho, da narrativa de si.

Três

A terceira narrativa fictícia importante de Ulisses é a que ele faz a Penélope, a próposito da qual, como vimos, o poeta constata como ele sabia fingir muitos *pseúdea etýmoisin homoîa*. A pergunta que a motiva é a mesma de sempre: quem, donde entre os homens, qual tua cidade e teus genitores? (*Odisseia*, XIX, 105). A resposta desdobra-se em várias partes, pontuadas pelo diálogo com a rainha.

Na primeira, o mendigo esclarece que

> Creta é uma terra que se acha no meio do mar cor de vinho,
> bela e fecunda, cercada por ondas. Inúmeros homens,
> quase infinitos, lá moram, formando noventa cidades,
> com grande mescla de línguas. Acaios ali são contados,
> os verdadeiros cretenses de espírito grande, cidônios,
> dórios de três gerações diferentes, e os divos pelasgos.
> Entre as cidades se nota a de Cnosso, a opulenta, onde Minos,
> o confidente de Zeus, o comando exerceu por nove anos,
> Minos, o pai de meu pai Deucalião, de magnânimo peito,
> que a Idomeneu, grande príncipe, teve, também, como filho.
> Este, porém, nos navios bojudos se foi para Troia
> com os Atridas. O nome famoso puseram-me de Éton,
> último gênito; forte era aquele, e do que eu mais idoso. (*Odisseia*, XIX, 172-184, tradução de Nunes)

Os dados demandados estão aí presentes: a pátria (Creta), a cidade (Cnosso), o pai (Deucalião) e, pela primeira vez, um nome: Éton. É curioso como, representando a mesma personagem – o exilado que Eumeu abrigara e que agora mendiga no palácio – Ulisses não repete exatamente a mesma história que contara a seu anfitrião: embora cretense, não mais se diz filho de Castor, mas do próprio rei Deucalião. É provável que dizer-se um príncipe não conviesse num conto destinado ao porqueiro, mas sim quando se trata da rainha. De fato, os episódios do conto cretense, envolvendo a venda como escravo, risco pelo qual o velho passou mais de uma vez, parecem ter relações com a própria história que o porqueiro lhe narrara antes: sendo filho de Ctésio, rei de Siro, Eumeu, ainda criança, foi raptado por uns mercadores fenícios, que o venderam, em Ítaca, a Laertes, pai de Ulisses (*Odisseia*, XV, 403-484). Assim, é provável que os deslizamentos que se observam entre os dois relatos de uma mesma personagem se devam à necessidade de adequação ao recebedor, o que seria uma regra de verossimilhança mais importante que a remissão a qualquer verdade externa (o que pode ser também, recorde-se, um dos sentidos de *katà kósmon katalégein*, quando aplicado ao desempenho de Helena). Ao lado da ambiência em Creta e da figura de Idomeneu, essa adequação parece funcionar não só como um elo entre os dois relatos, mas como a principal garantia de coesão dos mesmos. A insistência nela permite-nos perceber que o *atrekéos agoreúein* de fato corresponde ao dizer *pseúdea pollà etýmoisin homoîa*.

Todavia, importam, antes de tudo, no relato a Penélope, as informações que Éton tem a dar sobre Ulisses. A primeira delas, referente à partida para Troia, a que antes aludi, conduz à prova a que a rainha submeterá seu interlocutor, relativa às roupas com que seu marido se fora:

> Foi lá [em Cnosso] que eu vi Odisseu, e lhe dei hospital agasalho,
> pois a violência do vento o forçara a chegar até Creta,
> quando dobrava o Maleia, na rota das plagas de Troia.
> O seu navio fez ele no Amnio ancorar, bem na gruta
> das Ilitias, um porto arriscado, a fugir da tormenta.
> De Idomeneu procurou saber logo, à cidade subindo,
> pois sustentava ser-lhe hóspede e amigo e por ele acatado.
> Mas já se haviam passado dez dias, ou mesmo outro ainda,
> dês que ele fora em navios recurvos na rota de Troia.
> Em minha casa Odisseu acolhi e hospital agasalho
> lhe dei com todo o carinho, pois tínhamos casa mui farta.
> Para os demais companheiros do herói, que formavam seu séquito,

vinho brilhante e cevada angariei facilmente entre o povo,
bem como bois para o corte, porque lhes saciasse o apetite.
Por doze dias os divos acaios ali demoraram,
que o vento Bóreas violento os prendia, tão forte, que em terra
mal se podia de pé resistir; um demônio o açulava.
Mas no dia seguinte acalmou; logo todos ao mar se fizeram. (*Odisseia*, XIX, 185-202, tradução de Nunes)

As referências seguintes dizem respeito a notícias recentes de Ulisses (que, aliás, já haviam sido dadas também a Eumeu em XIV, 321-333):

Hei de falar-te sem erro (*nemertéos*), sem nada esconder-te.
Já tive, certo, notícia da volta do herói Odisseu,
que se acha perto, na terra fecunda dos homens tesprotos,
ainda com vida, e conduz para casa preciosos tesouros,
que em toda parte angariou. [Mas a nau de costado escavado
e os companheiros queridos, perdeu-os no mar cor de vinho,
ao se afastar da Trinácia. Indignado com eles se achava
Zeus e o Hiperiônio, por terem deste último as vacas matado.
Todos a morte encontraram no meio das ondas furiosas.
Ele, porém, preso à quilha, jogado se viu contra a praia
da região dos feácios, que são descendentes dos deuses.
Estes o honraram de jeito, qual fosse ele próprio um dos deuses,
e o cumularam com muitos presentes, dispostos, ainda,
a repatriá-lo sem dano. Há bem tempo pudera Odisseu
já ter voltado; mas no imo do peito julgou preferível
por muitas terras viajar, angariando riquezas sem conta,
de tal maneira ultrapassa Odisseu na inventiva de astúcias
os homens todos; nenhum dos mortais rivaliza com ele.]
O rei Fidão, dos valentes tesprotos, foi que me disse isso;
fez ele próprio uma jura solene, ao libar no palácio,
que já se achava lançado o navio e nos postos os homens,
que para a terra da pátria o deviam levar de retorno.
Mas, antes disso, mandou-me de volta, que acaso, uma nave
para Dulíquio, de trigo abundante, partiu com tesprotos.
Lá me mostrou quanto havia Odisseu de riquezas reunido,

que opulentar poderiam té dez gerações sucessivas;
tal era a cópia de bens, que do rei no palácio se achavam.
Disse, também, que a Dodona ele fora com o fim de o conselho
de Zeus ouvir no divino carvalho de cimo elevado,
sobre a maneira melhor, pois ausente se achava há bem tempo,
de como à pátria voltar: claramente ou por modo encoberto.
Por isso tudo te afirmo que vive e que está de retorno,
já muito perto; não há de ficar por mais tempo afastado
da cara pátria, nem, logo, dos seus. (*Odisseia*, XIX, 269-302, tradução de Nunes, com modificação)

Esse trecho costuma receber críticas dos comentadores, com base nos argumentos assim arrolados por Bérard (1946, p. 79-81, notas): se de um lado, a partir do verso 287, "Ulisses repete fielmente, e mesmo palavra a palavra, a narrativa que fez a Eumeu" e "os mesmos versos são reproduzidos numa ordem diferente, mas também lógica", o trecho colocado entre colchetes "ajunta alguns detalhes novos em versos tomados a torto e a direito". Nele, o mesmo Bérard identifica como inverossímeis as informações relativas à perda dos companheiros depois da estada na Ilha Trinácia (como Penélope saberia onde se localizava a ilha?), em vista da indignação não só do Sol pela matança das vacas, mas também de Zeus (o que parece ser tomado de relato localizado no canto XII, 374-380, tido como interpolação desde Aristarco, que atetizou esses dezessete versos); também a referência aos feácios careceria de verossimilhança, pois a rainha ignora igualmente onde se encontra sua terra e quem são seus habitantes, não sendo de esperar que a narrativa trate deles como se de coisas sabidas. Como, entretanto, o que nos interessa não é especular sobre a forma primitiva da *Odisseia*, mas tentar detectar sua motivação e seu impacto para o desenvolvimento das teorias poéticas, todo o entrecho, na forma como se encontra, assume uma feição extraordinariamente importante (eventualmente, na medida mesma em que levanta problemas difíceis de leitura e compreensão).

Com efeito, Éton, que é Ulisses, começa afirmando que falará *nemerthéos* – sendo *nemerthés* mais um dos inúmeros termos que poderiam qualificar o verdadeiro (tanto que Nunes traduz a expressão como "hei de falar-te conforme a verdade"). A palavra é composta de *ne-* (prefixo de negação) e da raiz de *hamartánein* (errar, falhar em alcançar o objetivo), motivo por que traduzi o advérbio por "sem erro". No canto IV, quando da visita de Telêmaco a Menelau, *nemerthés* (no neutro, com sentido adverbial) é usado tanto quando este último pede ao jovem que lhe diga "sem erro" a causa de sua visita (*tò dé moi nemerthès eníspes*, IV, 314), quanto por Telêmaco, ao pedir a seu anfitrião que lhe diga "sem erro" o que sabe sobre seu pai (*moi nemerthès eníspes*, IV, 331). O Velho-do-Mar, que revela a Menelau, no Egito, o destino dos aqueus no retorno para casa, é também qualificado de *nemerthés* (*Géron hálios nemerthés*, IV, 349, adjetivo que, na *Teogonia*, 235, é aplicado por igual a Nereu, antes também chamado de *apseudés* e *alethés*), o que garante que ele profetiza sem erro, como o próprio Menelau pôde constatar *post eventum* no caso de heróis como Agamêmnon. Em I, 86, é a decisão dos deuses, relativa ao retorno de Ulisses, a ser anunciada por Hermes a Calipso, que é qualificada, por Atena, de *nemerthéa boulén*, e o próprio mensageiro abre sua fala à deusa, em IV, 97-98, afirmando que "dirá a mensagem sem erro" (*autàr egó toi/ nemertéos tòn mython enispéso*). Assim, parece que, na esfera do discurso, *nemerthés* e *nemerthéos* indicam o que se conta, transmite ou diz sem erro, ou seja, com exatidão.

Contudo, do ponto de vista dos comentadores aludidos, Éton (e Ulisses – e o poeta! ou, quando menos, o interpolador) parece errar, pois se esquece de que, diferentemente dos feácios e do leitor, Penélope não ouviu o relato das aventuras aludidas. Trata-se, todavia, de um argumento fraco (que talvez considere – e por que considera – implícitas as normas da "narrativa primitiva"): não basta, com efeito, que se diga, como se diz, que os feácios são "descendentes dos deuses", para situar a informação, pelo menos no nível das demais informações geográficas que constam do entrecho, cujo objetivo não é descrever os locais referidos, mas prover um contexto "sem erro" para o dado principal – Ulisses está vivo e de volta para casa?

Dessa perspectiva, a construção do discurso de Éton é apurada: num primeiro nível, trata-se de um discurso fingido de Ulisses, enquadrado pelo do poeta, em que Ulisses fala como Éton. Até então, nada faria diferir o trecho em causa do anterior, em que Éton descreveu sua origem e seu encontro com Ulisses quando da ida deste para Troia. Entretanto, a referência aos tesprotos, tanto na abertura quanto no fecho da fala, supõe mais um nível de encaixe, pois trata-se de enquadrar o discurso de Éton no relato que o velho (anônimo) fizera antes a Eumeu. Se é verdade, portanto, que Éton e o velho são duas personagens distintas (embora ambos sejam cretenses, este é filho de Castor com uma serva; aquele, filho do rei Deucalião e irmão de Idomeneu), neste ponto do relato as histórias de ambos convergem de um modo admirável, realizando o que seria um dizer *eoikóta*, ou seja, quando dois *lógoi* convêm como duas imagens semelhantes que se sobrepõem para testar a própria conveniência.

Há, contudo, mais – e provavelmente o que mais testemunha em favor da habilidade de Éton (de Ulisses, do poeta – ou, caso se queira, do interpolador!): no interior de todos esses círculos concêntricos (o discurso do poeta, o de Ulisses, o de Éton, o do velho anônimo) incrusta-se, num outro nível, o discurso de Ulisses entre os feácios (em que se relatara o episódio das vacas do Sol) e o próprio discurso do poeta (que relatara a estada de Ulisses entre os feácios). Portanto, é como se, numa sequência de enquadramentos concêntricos, tudo se comportasse de tal modo que, quando se chega ao centro, retorna-se à margem. Tanto mais significativo é esse processo na medida em que a referência à desgraça dos companheiros, por terem devorado as vacas do Sol, se encontra na própria abertura da *Odisseia*, quando o poeta expõe para a Musa seu programa narrativo (*Odisseia*, I, 7-9). Parece, portanto, que o próprio discurso da Musa se encontra envolvido nesse jogo de caixinhas chinesas que sobrepõe níveis narrativos a níveis narrativos e, ao fazer referência ao episódio, Éton estaria atingindo nada menos que o próprio núcleo da *Odisseia*: o *nóstos* do último dos guerreiros, que, contudo, retorna sozinho em virtude da estultice de seus companheiros. Em última instância: Ulisses autoriza seu *pseûdos* com o *pseûdos* da Musa, comprovando como de fato aprendeu foi com ela que há *pseúdea pollá*, mesmo incontáveis, e que os que se contam devem ser *etýmoisin homoîa*.

8

O CANTO NOVÍSSIMO

Retomemos o canto de Fêmio e as circunstâncias que o cercam. Nosso interesse estará agora em avaliar o significado do terceiro dos argumentos usados por Telêmaco para defender o aedo contra a censura de Penélope, ou seja, o de que

> τὴν γὰρ ἀοιδὴν μᾶλλον ἐπικλείουσ' ἄνθρωποι,
> ἥ τις ἀκουόντεσσι νεωτάτη ἀμφιπέληται,
>
> os homens louvam mais o canto
> que em torno dos ouvintes novíssimo se derrama. (*Odisseia*, I, 351-352)

Em princípio, não haveria nada de extraordinário nessa declaração de que o canto novíssimo (*aoidè neotáte*) é mais apreciado pelos ouvintes (*akouóntessi/aïóntessi*). Como observa Scodel (2002, p. 53), Telêmaco afirma-o como algo óbvio para todos, ou seja, parece tratar-se de uma crença que faz parte de um senso comum compartilhado tanto pelas personagens da *Odisseia* quanto por seu público – esse gosto pela novidade sendo percebido, na tradição que se desdobra e ultrapassa a poesia homérica, como um traço mesmo dos gregos.

Luciano, por exemplo, lamentando que o público aprecie em sua mistura de diálogo e comédia apenas a estranheza (*xénen*), a inovação (*neoterismón*) e a novidade (*kainótetos*), descurando de quanto em sua obra há de "palavras belas em si, conformes ao antigo cânon, ou de inteligência aguda, certa penetração, graça ática e, acima de tudo mais, arte", conclui "ser verdadeiro o dito de Homero e o canto novo ser agradável para os ouvintes" (*alethès gàr eînai tò toû Homérou, kaì tèn néan odèn kekharisménen hypárkhein toîs akoúousin*, *Zêuxis ou Antíoco*,

2). Trata-se de um testemunho que, estando bastante distante da época do próprio Homero, justamente por isso nos garante que os versos de que tratamos entraram para o rol dos lugares comuns, a remissão de Luciano não configurando uma citação, mas uma sorte de tradução tanto em termos estritos quanto no que se refere ao entendimento dos dois versos homéricos: qualquer canto novo é agradável para os ouvintes, uma proposição já atestada também em Píndaro, que, usando de outros termos, declara:

> αἴνει δὲ παλαιὸν μὲν οἶνον, ἄνθεα δ' ὕμνων
> νεωτέρων,
>
> louva o vinho velho, mas as flores dos hinos
> mais novos. (*Olímpica* 9, 48-49)

A citação mais notável, todavia, encontra-se na *República* de Platão, quando Sócrates procura precaver-se contra novidades na ginástica e música (base da educação dos guardiões), pois isso é capaz de pôr abaixo nada menos que os alicerces de sua *politeía*. Diz ele:

> Ὡς τοίνυν διὰ βραχέων εἰπεῖν, τούτου ἀνθεκτέον τοῖς ἐπιμεληταῖς τῆς πόλεως, ὅπως ἂν αὐτοὺς μὴ λάθῃ διαφθαρὲν ἀλλὰ παρὰ πάντα αὐτὸ φυλάττωσι, τὸ μὴ νεωτερίζειν περὶ γυμναστικήν τε καὶ μουσικὴν παρὰ τὴν τάξιν, ἀλλ' ὡς οἷόν τε μάλιστα φυλάττειν, φοβουμένους ὅταν τις λέγῃ ὡς <τὴν>
>
> > ἀοιδὴν μᾶλλον ἐπιφρονέουσ' ἄνθρωποι,
> > ἥτις ἀειδόντεσσι νεωτάτη ἀμφιπέληται,
>
> μὴ πολλάκις τὸν ποιητήν τις οἴηται λέγειν οὐκ ᾄσματα νέα ἀλλὰ τρόπον ᾠδῆς νέον, καὶ τοῦτο ἐπαινῇ. δεῖ δ' οὔτ' ἐπαινεῖν τὸ τοιοῦτον οὔτε ὑπολαμβάνειν. εἶδος γὰρ καινὸν μουσικῆς μεταβάλλειν εὐλαβητέον ὡς ἐν ὅλῳ κινδυνεύοντα· οὐδαμοῦ γὰρ κινοῦνται μουσικῆς τρόποι ἄνευ πολιτικῶν νόμων τῶν μεγίστων, ὥς φησί τε Δάμων καὶ ἐγὼ πείθομαι.
>
> Portanto, resumindo em poucas palavras, devem os encarregados da cidade apegar-se a este sistema de educação, a fim de que não lhes passe despercebida qualquer alteração, mas que a tenham sob vigilância em todas as situações, para que não haja inovações contra as regras estabe-

lecidas na ginástica nem na música. Acautelem-se o mais possível, com receio de, se alguém disser que

os homens apreciam mais o canto
que em torno dos que cantam novíssimo se derrama,

se julgar talvez que o poeta quer referir-se não a cantos novos (*áismata néa*), mas a um modo novo de canto (*trópon odês néon*), e que o elogia (*epainêi*). Tal coisa não deve louvar-se nem entender-se assim, porque deve ter-se cuidado com a mudança para uma nova espécie musical (*eîdos kainòn mousikês*), que pode pôr tudo em risco. É que nunca se abalam os modos musicais (*mousikês trópoi*) sem abalar as mais altas leis da cidade, como Dâmon afirma e eu creio. (*República*, 424b-c, tradução de Pereira, com modificações)

Além de constituir um testemunho da importância do dito homérico, observe-se que os versos são citados com duas variações, a segunda das quais relevante, pois se trata de substituir, no segundo verso, *aïóntessi*/*akouóntessi*, isto é, 'os que ouvem', por *aeidóntessi*, 'os que cantam', o que parece ter relação com a disputa de Platão com os poetas, especialmente contra Homero. Ainda que West (1990, p. 119) julgue que não se deve emprestar importância a essas variantes, uma vez que Platão provavelmente cita de memória, de minha parte defendo que se trata de uma modificação a ser sim considerada, mesmo que aparentemente fortuita. O que ela põe em relevo é a responsabilidade do poeta, como acontece com relação a todas as declarações sobre a poesia que se fazem na *República*, pois é a partir da responsabilidade que a ele cabe que se julga o que e como ele canta.

Por outro lado, a citação introduz um aspecto que deve ser considerado, a saber: a qual tipo de novidade se refere o verso homérico? Independentemente do que, nessa passagem, Platão considera ser a música adequada para a cidade, desejo salientar como, pelo que se depreende, julga ele que o entendimento correto dos versos homéricos é que estejam em causa poemas novos, ou seja, que contenham novas histórias, não espécies poéticas novas (ou novos modos musicais). Isso representaria um entendimento arguto, dado que Telêmaco não poderia estar se referindo senão à própria épica, ainda que o interesse de Platão não seja interpretar Homero, mas cuidar para que sua autoridade não ponha em causa o tido como melhor por Sócrates e seus interlocutores. De qualquer modo, a autoridade do poeta fica ao mesmo tempo reforçada, e a afirmativa que propõe a equação entre a novidade do canto e a aprovação dos ouvintes se tem por verdadeira, não sendo objeto de contestação, mas tão somente de interpretação.

O que esses testemunhos antigos têm em comum é garantir-nos que a declaração de Telêmaco não parece ter nada de absurdo para os recebedores de Homero, pelo menos desde Píndaro até Luciano. Contudo, quando se trata de saber qual seria o seu sentido do ponto de vista da composição e da recepção imediata do poema, surge uma dificuldade (que parece não ser de Telêmaco nem do narrador da *Odisseia*, mas nossa): nos termos de West (1992, p. 119), "uma vez que muito do que se escreveu sobre a épica oral enfatiza a importância do familiar e tradicional, é digno de interesse encontrar o poeta sublinhando o valor da novidade". Conclusão: nada pesando sobre esses versos que pudesse levar a que se duvidasse de sua autenticidade, é nossa perspectiva sobre a poesia oral que deve ser refinada, ou, pelo menos, nossa perspectiva sobre a poesia homérica, ou, mais pontualmente ainda, sobre a poesia da *Odisseia*.

A observação de De Jong (2011, p. 38) de que a afirmativa de Telêmaco tem uma "relevância metanarrativa" vai ao encontro dessa última alternativa: ela constituiria uma "chamada de atenção indireta para a própria *Odisseia*, que oferecerá efetivamente uma estória de *nóstos* mais nova que a de Fêmio". Tendo a admitir a validade dessa proposta, pois, como vimos, a *Odisseia* é particularmente rica em alusões metanarrativas, com a ressalva, contudo, de que é no canto de Fêmio que Telêmaco reconhece a novidade enquanto qualidade apreciada pelos ouvintes. Esse canto, iniciado antes que se desenvolvesse o longo diálogo entre Atena, sob a forma de Mentes, e Telêmaco, fora introduzido de modo tradicional (considerando-se o que se aplica também a Demódoco):

αὐτὰρ ἐπεὶ πόσιος καὶ ἐδητύος ἐξ ἔρον ἕντο
μνηστῆρες, τοῖσιν μὲν ἐνὶ φρεσὶν ἄλλα μεμήλει,
μολπή τ' ὀρχηστύς τε· τὰ γάρ τ' ἀναθήματα δαιτός.
κῆρυξ δ' ἐν χερσὶν κίθαριν περικαλλέα θῆκε
Φημίῳ,

E quando os pretendentes afastaram o desejo de comida
e bebida, para outras coisas se lhes moveu o espírito:
a música e a dança, belas prendas do festim (*anathémata daitós*).
O escudeiro colocou nas mãos de Fêmio uma lira
de insigne beleza. (*Odisseia*, I, 150-154, tradução de Lourenço)

Então se introduz uma informação que foge do padrão e faz de Fêmio um aedo especial, uma vez que se trata de alguém, como já se salientou, "que cantava forçado junto dos pretendentes" (*Odisseia*, I, 154). Introduzido o canto por meio de um verso de novo formular – "então o que tocava a lira lançou-se a cantar belamente" (*Odisseia*, I, 155), o objeto do canto fica em suspenso até que, mais de cento e cinquenta versos depois, a deusa tendo partido e deixado Telêmaco só, o narrador continua:

τοῖσι δ' ἀοιδὸς ἄειδε περικλυτός, οἱ δὲ σιωπῇ
εἵατ' ἀκούοντες· ὁ δ' Ἀχαιῶν νόστον ἄειδε
λυγρόν, ὃν ἐκ Τροίης ἐπετείλατο Παλλὰς Ἀθήνη.

Para eles o célebre cantor cantava (*aoidòs áeide*) e eles em silêncio (*siopêi*) sentados ouviam: o regresso dos aqueus (*Akhaiôn nóston*) ele cantava, triste (*lygrón*) regresso que desde Troia lhes impôs Palas Atena. (*Odisseia*, I, 325-327)

Nova surpresa, portanto: o que poderia haver de novo quando se canta o "regresso dos aqueus"? Algumas alternativas têm sido aventadas do ponto de vista da lógica interna do poema, a mais difundida sendo aquela a que me referi antes e que, até onde conheço, se deve a Svenbro (1976, p. 24-31): Fêmio escolheu esse tema, o "triste retorno dos aqueus", para agradar os pretendentes e o canto tem como tema nada menos que a morte de Ulisses – entendimento com o qual concordam Pucci (1987, p. 195-208, 228-235) e Bowie (1993, p. 16), os quais enfatizam que

Fêmio cantava histórias falsas. Essa hipótese merece ser considerada com cuidado, não só em vista das palavras de reprovação que Penélope dirige ao aedo e da resposta de Telêmaco à mãe, como também porque na *Odisseia* o risco de ser enganado está sempre presente.

Retomemos a intervenção de Penélope:

Φήμιε, πολλὰ γὰρ ἄλλα βροτῶν θελκτήρια οἶδας
ἔργ' ἀνδρῶν τε θεῶν τε, τά τε κλείουσιν ἀοιδοί·
τῶν ἕν γέ σφιν ἄειδε παρήμενος, οἱ δὲ σιωπῇ
οἶνον πινόντων· ταύτης δ' ἀποπαύε' ἀοιδῆς
λυγρῆς, ἥ τέ μοι αἰὲν ἐνὶ στήθεσσι φίλον κῆρ
τείρει, ἐπεί με μάλιστα καθίκετο πένθος ἄλαστον.
τοίην γὰρ κεφαλὴν ποθέω μεμνημένη αἰεὶ
ἀνδρός, τοῦ κλέος εὐρὺ καθ' Ἑλλάδα καὶ μέσον Ἄργος.

Fêmio, pois que muitas outras coisas que encantam os mortais sabes,
feitos de heróis e de deuses, aos quais celebram os aedos,
um desses, sentado, lhes canta; e eles, em silêncio,
bebam o vinho. Mas para esse canto
penoso, que sempre no peito o coração me
tortura, posto que me tomou muitíssimo um luto intolerável,
pois dessa face tenho saudade, lembrando sempre
do herói cuja glória se estende por toda a Hélade e no meio de Argos.
(*Odisseia*, I, 337-344)

Sem dúvida se trata de um canto que ela, Penélope, considera penoso (*aoidé lygré*) e a razão disso está em que ele lhe provoca saudades de Ulisses: a estrutura da fala é bem clara: a) para esse canto penoso; b) esse canto sempre no peito o coração me oprime; c) posto que me toma um luto intolerável; d) pois sinto falta do herói cuja glória se estende por toda Hélade e no meio de Argos. O detalhe mais importante nessa sequência parece ser a referência a que esse canto sempre (*aién*) o coração lhe tortura, ou seja, não se trata de algo que Fêmio cante pela primeira vez, este não podendo ser o sentido da novidade que se lhe atribui. Não sendo ele novíssimo quanto a isso, parece improvável que tratasse da perda ou da morte de Ulisses, pois parece inverossímil que Fêmio cantasse comumente um entrecho assim. Como observa Scodel, o mais razoável parece ser a admissão de que o "regresso penoso dos aqueus" afetasse Penélope indiretamente, ou seja, o canto não precisaria ter como objeto Ulisses, muito menos a sua perda, mas a própria circunstância do regresso em geral já seria capaz de produzir-lhe sofrimento, como quando Alcínoo levanta várias hipóteses para explicar o sofrimento de Ulisses ao ouvir o entrecho do cavalo de madeira cantado por Demódoco (Scodel, 1998, p. 185):

> ἤ τίς τοι καὶ πηὸς ἀπέφθιτο Ἰλιόθι πρό,
> ἐσθλὸς ἐών, γαμβρὸς ἢ πενθερός; οἵ τε μάλιστα
> κήδιστοι τελέθουσι μεθ' αἷμά τε καὶ γένος αὐτῶν.
> ἤ τίς που καὶ ἑταῖρος ἀνὴρ κεχαρισμένα εἰδώς,
> ἐσθλός; ἐπεὶ οὐ μέν τι κασιγνήτοιο χερείων
> γίνεται, ὅς κεν ἑταῖρος ἐὼν πεπνυμένα εἰδῇ,
>
> Será que algum parente teu tombou em Ílio, um valente
> que era teu genro ou teu sogro (os parentes que mais próximos
> são do nosso sangue e da nossa linhagem)? Ou então
> um camarada de armas, que te encantava, nobre?
> Pois de modo algum é inferior a um irmão
> o camarada conhecedor da sensatez. (*Odisseia*, VIII, 581-586, tradução de Lourenço)

De fato, como demonstrou Segal, o canto dos aedos em Homero admite vários modos de recepção, que poderiam ser expressos numa escala de envolvimento do ouvinte: desde aquele que é movido apenas pelo prazer (como parece que todos na corte de Alcínoo, quando Demódoco canta os amores de Ares e Afrodite), até aquele que de fato faz parte da matéria do canto (como Ulisses, nos dois outros cantos de Demódoco), entre esses dois extremos havendo diversos outros níveis que apontam para a possibilidade de que uma "identificação com o assunto do canto se aplica não só à memória de um efetivo participante mas também a uma participação vicária, imaginária" (Segal, 2001, p. 121). Portanto, a pena que Penélope experimenta não precisa derivar de que o canto de Fêmio tenha como tema Ulisses, muito menos seu não regresso. Noutros termos: um canto que trata do "regresso penoso dos aqueus", tratando de outros heróis que não seu marido, certamente já bastaria para atormentar-lhe o coração com a lembrança dele, que, sendo o último que ainda não voltou, experimenta em grau máximo o quanto o regresso pode ser penoso.

A intervenção de Telêmaco dá outras pistas, ao mesmo tempo em que levanta outras questões. Retomemo-la:

μῆτερ ἐμή, τί τ᾽ ἄρα φθονέεις ἐρίηρον ἀοιδὸν
τέρπειν ὅππῃ οἱ νόος ὄρνυται; οὔ νύ τ᾽ ἀοιδοὶ
αἴτιοι, ἀλλά ποθι Ζεὺς αἴτιος, ὅς τε δίδωσιν
ἀνδράσιν ἀλφηστῇσιν ὅπως ἐθέλῃσιν ἑκάστῳ.
τούτῳ δ᾽ οὐ νέμεσις Δαναῶν κακὸν οἶτον ἀείδειν·
τὴν γὰρ ἀοιδὴν μᾶλλον ἐπικλείουσ᾽ ἄνθρωποι,
ἥ τις ἀϊόντεσσι νεωτάτη ἀμφιπέληται.
σοὶ δ᾽ ἐπιτολμάτω κραδίη καὶ θυμὸς ἀκούειν·
οὐ γὰρ Ὀδυσσεὺς οἶος ἀπώλεσε νόστιμον ἦμαρ
ἐν Τροίῃ, πολλοὶ δὲ καὶ ἄλλοι φῶτες ὄλοντο.

Minha mãe, por que razão levas a mal que o fiel aedo
nos deleite de acordo com a sua inspiração? Não são
culpados os aedos, mas Zeus: aos homens que por seu pão
trabalham estabeleceu o destino que entendeu.
Não é justo levarmos a mal que ele cante a desgraça dos dânaos.
Pois os homens apreciam de preferência o canto
que lhes pareça soar mais recente aos ouvidos.
Que o teu espírito e o teu coração ousem ouvir.
Não foi só Ulisses que perdeu o dia do retorno
em Troia; também pereceram muitos outros. (*Odisseia*, I, 346-355, tradução de Lourenço)

Já observamos como tudo leva a crer que é do *nóstos* de Ulisses que o aedo tratava, uma vez que ele fecha seu arrazoado lembrando que "não só Ulisses perdeu o dia do retorno/ em Troia, mas também muitos outros sucumbiram", o que tem relação com o primeiro argumento de que ele se vale, a saber, que é preciso deixar o "bravo aedo alegrar, como lhe move o espírito (*nóos*)", pois "não são os aedos culpados (*oú ny aoidoì aítioi*)", mas Zeus, de alguma maneira (*allá pothi Zeùs aítios*), "o qual dá, aos homens comedores de pão, como queira, a cada um". Nesse contexto é que vem então a declaração que nos interessa: "os homens louvam mais o canto que, para os ouvintes, parece o mais novo" (*Odisseia*, I, 351-352). De novo Scodel arrola argumentos contra a ideia de que Fêmio pudesse estar cantando *pseúdea* sobre o não retorno de Ulisses, quais sejam: a) dizendo que a culpa é de Zeus, Telêmaco admite que o canto é verdadeiro; b) ele descarta que Fêmio distorça os fatos para agradar os pretendentes e, usando uma fórmula de caráter geral – os homens louvam o canto mais novo –, nega que o canto sirva aos interesses dos pretendentes; c) ele nega que o canto seja inapropriado e, ao lembrar que Ulisses não foi o único a perder o dia do retorno, incentiva sua mãe a tomar o canto como consolo (Scodel, 1998, p. 185-186). São argumentos fortes e bastante razoáveis que me levam a admitir que, de fato, a hipótese de que o canto de Fêmio não fosse verdadeiro e se referisse ao não retorno de Ulisses, se não é equivocada, é pelo menos desnecessária.

Com efeito, quando se trata de saber qual a matéria do canto de Fêmio, a pista que parece mais certeira é dada no próprio poema: posto que ele canta "o regresso funesto dos aqueus, que desde Troia lhes impôs Palas Atena", o mais provável, como quer a mesma Scodel, é que se trate do episódio narrado por Nestor a Telêmaco, no canto 3, ou então da celebrada tempestade que afogou muitos e pôs Ulisses fora da rota (Scodel, 1998, p. 185). Examinemos a primeira hipótese (a narrativa de Nestor):

> αὐτὰρ ἐπεὶ Πριάμοιο πόλιν διεπέρσαμεν αἰπήν,
> [βῆμεν δ' ἐν νήεσσι, θεὸς δ' ἐκέδασσεν Ἀχαιούς,]
> καὶ τότε δὴ Ζεὺς λυγρὸν ἐνὶ φρεσὶ μήδετο νόστον
> Ἀργείοισ', ἐπεὶ οὔ τι νοήμονες οὐδὲ δίκαιοι
> πάντες ἔσαν· τῶ σφεων πολέες κακὸν οἶτον ἐπέσπον
> μήνιος ἐξ ὀλοῆς γλαυκώπιδος ὀβριμοπάτρης,
> ἥ τ' ἔριν Ἀτρεΐδῃσι μετ' ἀμφοτέροισιν ἔθηκε.
> τὼ δὲ καλεσσαμένω ἀγορὴν ἐς πάντας Ἀχαιούς,
> μάψ, ἀτὰρ οὐ κατὰ κόσμον, ἐς ἠέλιον καταδύντα, –
> οἱ δ' ἦλθον οἴνῳ βεβαρηότες υἷες Ἀχαιῶν, –
> μῦθον μυθείσθην, τοῦ εἵνεκα λαὸν ἄγειραν.

ἔνθ᾽ ἤ τοι Μενέλαος ἀνώγει πάντας Ἀχαιοὺς
νόστου μιμνήσκεσθαι ἐπ᾽ εὐρέα νῶτα θαλάσσης·
οὐδ᾽ Ἀγαμέμνονι πάμπαν ἑήνδανε· βούλετο γάρ ῥα
λαὸν ἐρυκακέειν ῥέξαι θ᾽ ἱερὰς ἑκατόμβας,
ὡς τὸν Ἀθηναίης δεινὸν χόλον ἐξακέσαιτο,
νήπιος, οὐδὲ τὸ ᾔδη, ὃ οὐ πείσεσθαι ἔμελλεν·
οὐ γάρ τ᾽ αἶψα θεῶν τρέπεται νόος αἰὲν ἐόντων.

Quando saqueamos a alta cidadela de Príamo,
fomos para as naus: um deus dispersou os aqueus.
Nesse momento Zeus planejou em seu coração
um regresso doloroso para os argivos,
pois nem todos tinham sido sensatos nem justos.
Destes houve muitos que tiveram um destino terrível devido
à ira destruidora da deusa de olhos esverdeados, filha de poderoso pai.
Foi ela que abriu conflito entre ambos os filhos de Atreu.
Estes chamaram para a assembleia todos os aqueus,
de modo irresponsável e desordenado (*ou katà kósmon*) ao pôr do sol.
Para lá se dirigiram, pesados de vinho, os filhos dos aqueus.
Ambos explicaram por que tinham convocado o exército.
Então Menelau disse a todos os aqueus que pensassem
no regresso a casa pelo vasto dorso do mar.
Mas de forma alguma agradou a Agamêmnon, que queria
reter o exército para oferecer sagradas hecatombes,
para que serenasse a ira terrível de Atena –
estulto! pois mal sabia ele que não convenceria a deusa:
não é logo que se muda a mente dos deuses que são para sempre. (*Odisseia*, III, 130-147)

Como se vê, o que indica a expressão "o regresso funesto dos aqueus, que desde Troia lhes impôs Palas Atena" – que Segal considera ser o próprio título do canto de Fêmio (Scodel, 1998, p. 127) – encontra-se perfeitamente desenvolvido nesse relato, que explica, inclusive, por que o regresso se tornou funesto e qual o papel que nisso teve Atena: ele jogou um Atrida contra outro e, separando-os, fez com que não regressassem juntos, a principal consequência disso tendo sido o assassinato de Agamêmnon por Egisto. A volta desastrada de Agamêmnon e seus desdobramentos constitui matéria relevante na *Odisseia*, pois começa a percorrer a narrativa desde o seu início, como exemplo (para Telêmaco) e contraexemplo (para Ulisses): na primeira assembleia dos deuses, é a memória de Orestes que vem à mente de Zeus e o leva a fazer seu primeiro discurso (que é também o primeiro do poema) para lembrar que os homens padecem aflições (*álgea*) devido a seus próprios desmandos (*atastalíeisin*), como aconteceu com Egisto (*Odisseia*, I, 30-43); no fecho de sua conversa com Telêmaco, é o exemplo de Orestes que Atena apresenta ao jovem: "não terás ouvido da fama que granjeou o divino Orestes/ entre todos os homens, quando matou o assassino de seu pai,/ Egisto ardiloso, porque este o pai glorioso lhe matara?" É bastante razoável, portanto, supor que o poeta quisesse dar a entender que o canto de Fêmio, que atravessa a narrativa também num segundo plano, tivesse alguma relação com o regresso dos Atridas.

Admiti-lo ajudaria a entender o sofrimento de Penélope, pois Ulisses integra o grupo dos que decidem partir logo com Menelau, mas, uma vez chegados a Tênedo, torna-se responsável por novo dissenso, tudo como parte do plano divino (de Zeus ou de Atena, ou de ambos?) para tornar o regresso penoso:

> ἡμίσεες δ' ἄρα λαοὶ ἐρητύοντο μένοντες
> αὖθι παρ' Ἀτρεΐδῃ Ἀγαμέμνονι, ποιμένι λαῶν·
> ἡμίσεες δ' ἀναβάντες ἐλαύνομεν· αἱ δὲ μάλ' ὦκα
> ἔπλεον, ἐστόρεσεν δὲ θεὸς μεγακήτεα πόντον.
> ἐς Τένεδον δ' ἐλθόντες ἐρέξαμεν ἱρὰ θεοῖσιν,
> οἴκαδε ἱέμενοι· Ζεὺς δ' οὔ πω μήδετο νόστον,
> σχέτλιος, ὅς ῥ' ἔριν ὦρσε κακὴν ἔπι δεύτερον αὖτις.
> οἱ μὲν ἀποστρέψαντες ἔβαν νέας ἀμφιελίσσας
> ἀμφ' Ὀδυσῆα ἄνακτα δαΐφρονα ποικιλομήτην,
> αὖτις ἐπ' Ἀτρεΐδῃ Ἀγαμέμνονι ἦρα φέροντες·
> αὐτὰρ ἐγὼ σὺν νηυσὶν ἀολλέσιν, αἵ μοι ἕποντο,
> φεῦγον, ἐπεὶ γίνωσκον, ὃ δὴ κακὰ μήδετο δαίμων.
>
> Metade do exército ficou para trás, permanecendo
> onde estava Agamêmnon, filho de Atreu, pastor das hostes.

Nós embarcamos e pusemo-nos a remar; e as naus navegaram
depressa: um deus serenou o mar cheio de grandes monstros.
Chegados a Tênedo, oferecemos sacrifícios aos deuses
desejosos de voltar para casa. Mas Zeus não queria o nosso regresso (*oú po médeto nóston*),
deus duro, que levantou a discórdia uma segunda vez.
Alguns viraram suas naus escuras e partiram
com o fogoso soberano Ulisses de matizado pensamento,
honrando assim Agamêmnon, filho de Atreu.
Mas com minha frota de naus prossegui caminho,
pois compreendi o infortúnio que o deus preparava. (*kakà médeto daímon*)
(*Odisseia*, III, 155-166)

O problema em adotar essa solução está, contudo, em que ela produz uma inconsistência narrativa: se este era o objeto do canto de Fêmio, por que faz parte daquilo que Telêmaco busca, como algo não sabido, com relação ao retorno de seu pai? Que Telêmaco conhece os fatos envolvendo Agamêmnon, Egisto e Orestes, fica claro e é afirmado, como vimos, por Atena. Mas parece que ele não sabe por que Agamêmnon voltou sozinho, pois isso é objeto do que ouve tanto de Nestor quanto, depois, de Menelau, este esclarecendo especialmente por que só chegou após Orestes ter realizado a vingança, mas principalmente informando que, conforme o Velho do Mar, Ulisses se encontrava na ilha de Calipso (cf. *Odisseia*, IV, 555-560).

Provavelmente, nossa principal dificuldade em entender as questões em torno do canto de Fêmio se encontre no pressuposto de que a poesia tradicional esteja inteiramente dominada pela transmissão, sem espaço para variações, e por isso Fêmio apareceria como um aedo que trai a memória pelo gosto da novidade e, pontualmente, para agradar os pretendentes. Ora, não parece razoável supor que a memória que se canta – o *nóstos lygrós* dos aqueus – pudesse ser algo exterior ao próprio canto e não por ele mesmo construído, ou seja, essa memória não deveria ser considerada como um bloco homogêneo, mas algo que admite tantas variantes quanto os muitos cantos e as muitas perfórmances, esse sendo o traço por excelência de uma tradição baseada na oralidade. Poderíamos então pensar, até pela necessidade que Telêmaco tem de ouvir vários testemunhos para compor o que se passou – técnica narrativa, aliás, que é dominante na *Odisseia* –, que o que se representa é a própria formação do "retorno funesto dos aqueus" enquanto matéria de canto, sendo por isso que a ele se pode aplicar o qualificativo de novíssimo.

De um lado, não haveria nenhum absurdo em admitir que o *nóstos lygrós* dos aqueus constituísse a parte mais nova do ciclo troiano, em vista de outros sucessos que antecedem e se passam durante a guerra, como os cantados por Demódoco, isto é, "a disputa de Ulisses e do Pelida Aquiles,/ quando se afrontaram no banquete festivo dos deuses" (*Odisseia*, VIII, 73-76) e o episódio do cavalo de madeira (*Odisseia*, VIII, 492-498). Isso nos levaria a uma chave de leitura extremamente interessante, atenta ao modo como as memórias particulares se entretecem com a memória coletiva transmitida pelo aedo, de um certo modo dando a entender ao recebedor, na linha do sugerido por De Jong, que a memória mais nova e mais completa sobre o retorno funesto é a que se encontra na própria *Odisseia*. Assim, se Fêmio canta um canto novíssimo, é porque a sua própria matéria se encontra ainda em formação e, mesmo tratando do retorno dos aqueus, tornado funesto por obra de Atena, ele não conheceria todos os detalhes, tais quais expostos por Nestor e Menelau.

Todavia, é ainda Scodel (2002, p. 54) que adverte sobre a declaração de Telêmaco a propósito do canto novíssimo: o que ele quer dizer é que "as pessoas tornam um canto particular famoso não porque diga respeito a acontecimentos recentes, mas porque o canto é ele próprio novo," e, ainda que no presente caso "o canto seja o mais novo no repertório do poeta porque seu assunto é assim recente", isso não implica que "um canto novo tenha necessidade de contar uma nova história". Noutros termos: parece que a melhor opção exige que se transporte o problema do *que* se canta, para o *como* se canta.

Aristóteles, que conhecia mais que nós o ciclo troiano, considera Homero melhor que seus pares porque "não quis ele poetar sobre toda a guerra de Troia" – ao contrário de "outros poetas" que "compuseram seus poemas ou acerca de uma pessoa, ou de uma época, ou de uma ação com muitas partes, como, por exemplo, o autor dos *Cantos cíprios* e da *Pequena Iliada*" (*Poética*, 1459 a-b) –, mas "compôs em torno de uma ação una a *Odisseia* (...) e de modo semelhante a *Ilíada*" (*Poética*, 1541 a); sob outro aspecto, "Homero, que por muitos outros motivos é digno de louvor, também o é porque, entre os demais, só ele não ignora propriamente o mister do poeta", qual seja, "falar o menos possível por conta própria", de modo que, "após breve introito, subitamente apresenta varão ou mulher, ou outra personagem devidamente caracterizada" falando, ao contrário de "outros poetas" que "intervêm em pessoa na declamação, e pouco e poucas vezes imitam" (*Poética*, 1460 a, traduções de Souza). Não se trata de relevar aqui os elogios a Homero, mas sim de mostrar como, independentemente dos temas, as epopeias podiam apresentar diferenças relativas a sua composição, as quais temos dificuldade de avaliar tanto pelo fato de que, com exceção dos dois poemas homéricos, não se conservaram outras na forma escrita, quanto por, em termos mais amplos, a maioria delas não ter sido jamais escrita. Em nenhum dos exemplos de Aristóteles se trata de indicar algum tema como impróprio, mas, antes, de mostrar como os temas podem ser trabalhados de modo variado.

Elencando cinco maus entendimentos sobre os trabalhos de Parry e Lord a respeito da literatura oral, Janko procede a algumas precisões que podem ajudar-nos a esclarecer nossa presente questão. Segundo ele, (a) o tipo de composição oral que corresponde à épica antiga (recolhida igualmente nos Bálcãs) é a composição-oral-em-perfórmance, usada "mais para criar poemas efetivamente longos, e menos para curtos ('líricos')"; (b) consequência da própria dimensão dos poemas, não se deve exagerar o papel que tem a memorização na épica oral, ou seja, ainda que o bardo "lembre de um vasto estoque de expressões tradicionais, versos, blocos de versos, cenas típicas e padrões de enredos", ele não "lembra o *texto* de que faz a perfórmance", as fórmulas constituindo não "um auxílio para a memorização", mas um "auxílio para a composição"; (c) a composição oral não dispensa ensaios cuidadosos – "Lord lembra que um cantor bósnio declarava praticar seus cantos enquanto apascentava suas ovelhas" –, de modo que um canto pode ter uma "existência relativamente estável na mente de um cantor particular"; (d) a épica oral não é inteiramente "improvisada", sendo-o apenas no "sentido em que o jazz é improvisado – usando blocos pré-existentes de material" –, mas "os melhores poetas serão aqueles que têm necessidade de recorrer a material pré-fabricado com menos regularidade", o que "pode ter sido a diferença notada por Calímaco entre Homero e os poetas cíclicos, *toùs 'autàr épeita' légontas*" (Epyllion 28), ou, noutros termos, o bom poeta deve dominar a "linguagem da poesia oral tradicional", bem como as "cenas e modelos de estórias tradicionais", como pré-requisito para a "improvisação" (Janko, 1998, p. 4-5). Dessas precisões, o que desejo reter é como, tendo uma base firme na tradição, tanto em termos de temas e modelos quanto de linguagem, a épica deixa sempre aberta a possibilidade de que o cantor "improvise", o que eu preferiria dizer que encontre formas de dar variedade ao que conta, o que provavelmente seria o sentido melhor a ser aplicado à declaração de Telêmaco, pois se trata, inclusive, de atribuir ao canto "que em torno dos ouvintes novíssimo se derrama" a possibilidade de tornar-se famoso, por ser "glorificado" pelos homens.

Em resumo: no contexto da tradição que cerca os poemas homéricos, parece que, efetivamente, o que Telêmaco faz é o elogio da variante, a que se atribui valor tanto quanto à exatidão elogiada por Ulisses no canto de Demódoco. Cumpre, portanto, admitir que se apresentam, na oposição entre Fêmio e Demodoco, duas "poéticas" diferentes.

EPÍLOGO

MUITO MENTEM OS AEDOS

Deve-se à mão de Sólon a transmissão (se não criação) deste verso tornado proverbial: *pollà pseúdontai aoidoí* (muito mentem os aedos, fr. 29 West). Que admitiria duas leituras, logo desdobradas em uma mais três, todas relevantes, dependendo do sentido que se atribua a *pollá* (em princípio, o neutro plural do adjetivo *muito*): caso se entenda substantivado, então o verso se leria como *os aedos contam muitas mentiras*; mas se a palavra for tomada como um advérbio, teremos que *os aedos mentem muito*, tanto no sentido temporal de *com frequência* quanto na acepção intensiva de *completamente*, *de fato*, *sem dúvida*, como, ainda, num senso multiplicativo: *de muitas maneiras*. Não se trata de acepções excludentes, como se vê: os aedos, com efeito, parecem mentir sobre muitas coisas, exibindo uma notável capacidade de criação de *pséudea* (o que os torna, portanto, parceiros das Musas), tanto quanto, na maior parte do que dizem, não só mentem, mas sabem *deveras* mentir, ou seja, com exatidão, coesão, ciência, conhecimento (pelo menos aqueles dentre os aedos ensinados pela Musa). Se nos diversos tipos de *pseûdos*, cuja classificação brevemente ensaiamos, buscássemos onde poderíamos situar o que dizem os aedos, certamente deveria ser na esfera do *pseûdos* consentido e – uma vez que eles mentem deveras – daquele em que houvesse o máximo de consentimento, até porque supõe um consentimento triplo: da parte do aedo, de seu público e da Musa.

Os condicionais se explicam porque, como vimos, não se pode reduzir o aedo a uma única figura, com traços bem fixados. Se é verdade que a Demódoco se poderia aplicar bem a definição idealizada acima (o aedo mente muito, no sentido de com o máximo de consentimento

– *hekón* – uma vez que ensinado pela Musa: o que significa que em seu canto se encontra o máximo de ficção), o mesmo não se diria de Fêmio, que canta constrangido pelos pretendentes (logo, inconsentidamente – *ákon*), muito menos de Tâmiris que, ao que parece, mentiu por ignorância (portanto, errou) ao afirmar que venceria as Musas se com elas disputasse (e tanto errou que elas lhe arrebataram o canto). Portanto, mantendo ainda o valor adverbial de *pollá*, deveríamos entender o verso de Sólon no sentido de que os aedos *pseúdontai* de muitas maneiras – ao celebrarem (ou mesmo por não celebrarem) diferentes tipos de contratos com a Musa e com o público (cada contrato equivalendo a uma poética). O que o pensamento grego aprenderá pouco a pouco e continuamente, motivado pela reflexão sobre o estatuto desse discurso arcaico e inaugural, os cantos dos aedos, é que o *pseûdos* pode assumir formas ricamente variadas, que ele goza de um estatuto próprio e é capaz de dizer o mundo de uma forma efetiva.

Ulisses, que foi tudo, salvo aedo, assumiu, no correr de nossas reflexões, uma importância extraordinária, que não é diversa da que, enquanto filopseudes, gozou no correr da história. A ele, com efeito, pode-se aplicar o dito de Sólon. Mais ainda: dele Luciano fez não só o *arkhegós*, como já referi várias vezes, como também o mestre (*didáskalos*) de quantos, na longa história da Grécia, sejam históriadores, poetas ou filósofos, entregaram-se ao *pseûdos* – e, enquanto *didáskalos*, reconhece-se que, de algum modo, ele divide com as Musas (ou mesmo arrebata-lhes) a função de ensinar a mentir. É como se ele exercesse a função de divisor de águas: ao iniciar a história de Er, na *República*, Sócrates garante que se trata não de um "conto de Alcínoo" (*Alkínou apólogos*), pretendendo assim distinguir sua própria ficção da de Ulisses, ainda que se trate sim duma ficção, como as de Ulisses, enquadrada na ficção de Platão. O que comprova duas coisas: não só os poetas mentem muito, como todos os que mentem se espelham (ainda que no plano da denegação, para marcar fronteiras) nos poetas.

Se é verdade que Ulisses não é e nem nunca foi aedo, forneceu-nos os exemplos de discursos indiscutivelmente fictícios no interior da *Odisseia*, provendo-nos, para usar as palavras de Goldhill (1991, p. 47), "importantes *insights* sobre a técnica narrativa do poema". Com efeito, ele ocupa, e só ele, o espaço textual reservado a Demódoco no banquete dos feácios, quando, aos cantos, substitui a narrativa da memória, que não invoca a assistência da Musa, mas tem todas as características de haver assimilado o que ela ensina aos aedos. Confirma-o, como vimos, o cumprimento de Alcínoo, que o interrompe num entrecho em especial impactante, a visita ao Hades, cumprimento que vale a pena reler, com o enriquecimento de sentido que pode propiciar-nos a escavação até aqui levada a cabo:

> ὦ Ὀδυσεῦ, τὸ μὲν οὔ τί σ' ἐΐσκομεν εἰσορόωντες
> ἠπεροπῆά τ' ἔμεν καὶ ἐπίκλοπον, οἷά τε πολλοὺς
> βόσκει γαῖα μέλαινα πολυσπερέας ἀνθρώπους
> ψεύδεά τ' ἀρτύνοντας, ὅθεν κέ τις οὐδὲ ἴδοιτο·
> σοὶ δ' ἔπι μὲν μορφὴ ἐπέων, ἔνι δὲ φρένες ἐσθλαί,
> μῦθον δ' ὡς ὅτ' ἀοιδὸς ἐπισταμένως κατέλεξας,
> πάντων Ἀργείων σέο τ' αὐτοῦ κήδεα λυγρά.
> ἀλλ' ἄγε μοι τόδε εἰπὲ καὶ ἀτρεκέως κατάλεξον,
> εἴ τινας ἀντιθέων ἑτάρων ἴδες, οἵ τοι ἅμ' αὐτῷ
> Ἴλιον εἰς ἅμ' ἕποντο καὶ αὐτοῦ πότμον ἐπέσπον.
> νὺξ δ' ἥδε μάλα μακρή, ἀθέσφατος, οὐδέ πω ὥρη
> εὕδειν ἐν μεγάρῳ· σὺ δέ μοι λέγε θέσκελα ἔργα.
> καί κεν ἐς ἠῶ δῖαν ἀνασχοίμην, ὅτε μοι σὺ
> τλαίης ἐν μεγάρῳ τὰ σὰ κήδεα μυθήσασθαι.

> Ó Ulisses, em nada estimaríamos, observando-te,
> seres trapaceiro (*eperopéa*) e enganador (*epíklopon*), como tantos
> nutre a negra terra, homens espalhados por toda parte e
> que aparelham mentiras (*pseúdea*) sobre o que ninguém jamais poderia ver.
> Que forma a de tuas palavras, fruto de uma mente sagaz:
> a história (*mython*), tal qual um aedo, sabiamente contas (*epistaménos katélexas*).
> Mas vamos, diz-me isto e com precisão conta (*atrekéos katálexon*)
> se alguns dos divinos companheiros viste, os que contigo
> seguiram a Ílio e seu fado encontraram.
> Esta noite é muito longa (*mála makrá*), inefável (*athésphatos*): nem é hora
> de dormir no salão. Diz-me tu teus prodigiosos feitos (*théskela érga*).

Aguentaria eu até que viesse a Aurora divina, enquanto tu suportasses, no salão, de teus infortúnios me falar (*mythésasthai*). (*Odisseia*, XI, 363-376)

Fora Ulisses que interrompera a narrativa com a consideração de que não poderia "dizer nem nomear" (*mythésomai oud'onoméno*) quantas mulheres e filhas de heróis vira no Hades, pois antes terminaria a "noite imortal" (*nyx... ámbrotos*) e já era a "hora de dormir" (*hóre heúdein*, *Odisseia*, XI, 328-331). Mais adiante, ao retomar o relato, ele considerará, outra vez, que "há hora para longos discursos, como há hora para o sono" (*hóre mèn poléon mython, hóre dè kaì hýpnou*, *Odisseia*, XI, 379). A cena se apresenta, assim, como o inverso daquelas em que o aedo é interrompido pelos ouvintes, tal qual acontece com Fêmio, pela intervenção de Penélope, ou com Demódoco, cujo canto Alcínoo manda cessar ao perceber as lágrimas de Ulisses. Aparentemente, Ulisses poderia continuar sem que seu público experimentasse fadiga ou desejasse descanso, o que aproxima seu *mythos*, portanto, do canto das Sereias; todavia, na ausência de limitação da parte do público, é ele próprio quem pretende manter a medida e lembrar a seus ouvintes que há um tempo determinado para a audição que não se deve ultrapassar – o que definitivamente assemelha seu *mythos* ao canto do aedo.

Não é sem razão, assim, que Alcínoo equipara ao do aedo o seu desempenho, pela forma de suas palavras (*morphè epéon*), mas, sobretudo, porque ele conta *epistaménos*. Note-se o contraste: Ulisses não é como esses trapaceiros e enganadores, como há tantos sobre a terra, que ajustam (*artynontas*) *pseúdea* a partir do que alguém não poderia ver (*hóthe ké tis oudè ídoito*). Leitura de primeiro nível: ele conta *epistaménos* porque viu e fala do que viu. É curioso, contudo, que o elogio se faça justamente na cena do Hades, ou seja, um tipo de experiência, senão vedada aos mortais, pelo menos muito improvável. Logo, num outro nível de leitura sugere-se: ele conta *epistaménos* porque fala a partir do que alguém poderia ver. Se quisermos ampliar essa fórmula: fala também do que poderia ser. Do que poderia acontecer. Alcínoo, com efeito, não tem como julgar se ele fala do que viu como viu, do que foi como foi, do que se passou como se passou. Até porque, convém insistir, apenas Ulisses testemunhou tudo que conta, sendo impossível ter mais qualquer outro que deponha a seu favor. Estamos, portanto, não nos domínios do testemunho, mas inteiramente mergulhados no espaço da narrativa, cuja justeza se mede pelo fato de ser coesa, bem articulada, conveniente. Assim, incitando-o a continuar, Alcínoo não tem mais a exigir senão que ele continue a contar *atrekéos*.

O segundo nível de leitura parece mais produtivo não só porque diz mais sobre a recepção da *Odisseia*, mas porque parece ter relações com a segunda comparação de Ulisses com um aedo, desta vez da parte de Eumeu, a qual convém igualmente reler:

> εἰ γάρ τοι, βασίλεια, σιωπήσειαν Ἀχαιοί·
> οἷ' ὅ γε μυθεῖται, θέλγοιτό κέ τοι φίλον ἦτορ.
> τρεῖς γὰρ δή μιν νύκτας ἔχον, τρία δ' ἤματ' ἔρυξα
> ἐν κλισίῃ· πρῶτον γὰρ ἔμ' ἵκετο νηὸς ἀποδράς·
> ἀλλ' οὔ πω κακότητα διήνυσεν ἣν ἀγορεύων.
> ὡς δ' ὅτ' ἀοιδὸν ἀνὴρ ποτιδέρκεται, ὅς τε θεῶν ἒξ
> ἀείδῃ δεδαὼς ἔπε' ἱμερόεντα βροτοῖσι,
> τοῦ δ' ἄμοτον μεμάασιν ἀκουέμεν, ὁππότ' ἀείδῃ·
> ὥς ἐμὲ κεῖνος ἔθελγε παρήμενος ἐν μεγάροισι.

> Se pois, ó rainha, fizessem silêncio os aqueus,
> quanto ele não diria (*mytheîtai*), alegrando-te o coração!
> Por três noites e três dias o retive em meus
> aposentos (pois primeiro veio a mim, fugindo de uma nau),
> mas suas desventuras não acabou de falar.
> Tal qual um homem contempla um aedo que, pelos deuses
> ensinado, cante versos encantadores (*épea himeróenta*) para os mortais
> e sem cessar anseia escutá-lo enquanto ele cante,
> assim ele me fascinou (*éthelge*) estando em minha casa. (*Odisseia*, XVII, 513-521)

Note-se como, de novo, está em causa a capacidade de fascinar (*thélgein*) o ouvinte por um período de tempo longo – e é isso que se entende que faz de Ulisses alguém parecido com um aedo. Entretanto, há um detalhe extremamente importante com relação ao que declara Eumeu: é que ele se refere às histórias contadas por seu velho hóspede cretense, que o leitor da *Odisseia* sabe não passarem de *pseúdea* inventados por Ulisses. Ora, neste caso é evidente que Ulisses fala do que não viu, do que não aconteceu, do que não se passou. Mas não se pode negar que fala a partir do que alguém poderia sim ver ou passar – e por isso se assemelha a um aedo.

Eumeu, de fato, reconhece que o velho (que é Ulisses) narrou sua história *katà kósmon*, menos num ponto importante, a motivação mesma do seu *pseûdos*:

> ἆ δειλὲ ξείνων, ἦ μοι μάλα θυμὸν ὄρινας
> ταῦτα ἕκαστα λέγων, ὅσα δὴ πάθες ἠδ' ὅσ' ἀλήθης.
> ἀλλὰ τά γ' οὐ κατὰ κόσμον, ὀΐομαι, οὐδέ με πείσεις,
> εἰπὼν ἀμφ' Ὀδυσῆϊ. τί σε χρὴ τοῖον ἐόντα
> μαψιδίως ψεύδεσθαι; ἐγὼ δ' ἐῢ οἶδα καὶ αὐτὸς
> νόστον ἐμοῖο ἄνακτος, ὅ τ' ἤχθετο πᾶσι θεοῖσι...
>
> Ó mais infeliz dos hóspedes, como arrebatas meu coração
> dizendo cada uma dessas coisas, quanto padeceste e quanto vagaste!
> Mas uma coisa não está *katà kósmon*, julgo, nem dela me convencerás:
> quando falas sobre Ulisses. Que necessidade tens de vir aqui nesse estado
> para mentir (*pseúdesthai*) em vão? Eu bem sei, eu mesmo,
> do retorno de meu rei, odiado por todos os deuses... (*Odisseia*, XIV, 361-366)

Todorov (1979, p. 76) comenta como é com relação à única informação verdadeira no relato do velho que Eumeu se mostra incrédulo: que Ulisses está prestes a voltar. Entretanto, o porqueiro não o faz por inépcia, mas por experiência – e nisso não erra. Com efeito, também as informações relacionadas com Ulisses que interessam à narrativa, um gênero de discurso que se volta para o passado, não destoam do restante *pseûdos* do velho enquanto também são *pseúdea* (como Ulisses as repete a Penélope): foi na terra dos tesprotos que o narrador cretense diz ter tido notícias de Ulisses, o qual lá havia se detido, no percurso da volta, tendo sido acolhido pelo rei; foi lá que ele viu as riquezas acumuladas pelo herói, do que duas pessoas poderiam viver pelo tempo correspondente a dez gerações humanas; lá ele soube que Ulisses havia partido para Dodona, a fim de consultar o oráculo de Zeus sobre como retornar à pátria; lá, o velho foi ainda informado pelo rei, sob juramento, de que o navio que conduziria Ulisses a Ítaca estava pronto para partir (*Odisseia*, XIV, 321-333). Como se vê, não há uma palavra verdadeira nessa narração, pois Ulisses jamais esteve na Tesprótia, nem foi a Dodona antes de alcançar de novo a pátria. É verdade que ele traz os navios cheios das riquezas – mas estas lhe foram dadas pelos feácios, aos quais não se faz nenhuma referência, dando-se a entender que foi em suas andanças e, em consequência, de suas aventuras que o herói as acumulara.

É curioso, entretanto, que não é esse acúmulo de detalhes que Eumeu considera não ser *katà kósmon*, mas a própria notícia da volta de Ulisses. No meio de tantos mensageiros que transmitem notícias falsas, movidos pelas lágrimas dos que sentem a falta do herói, ou pelas esperanças dos que anseiam que não volte, ele desiludiu-se. Sobretudo após um certo *etólio* tê-lo enganado com invencionices (*exépaphe mythoi*), dizendo que tinha visto Ulisses em Creta, na casa de Idomeneu, reparando seus navios estragados pela tempestade: no verão ou no outono ele regressaria, carregado de bens e junto com seus companheiros (*Odisseia*, XIV, 375-385). Mas Ulisses não voltou. Portanto, conclui Eumeu, não é com mentiras (*pseúdessi*) que o velho o alegrará ou encantará (*méte kharízeo mété ti thélge*, *Odisseia*, XIV, 387). Na sequência, Ulisses, sob o disfarce do velho cretense, insiste na volta iminente de Ulisses – mas então já nos encontramos fora do espectro da narrativa, pois se trata duma verdade que em breve se confirmará como autêntica, entretanto só porque profética e, logo, uma verdade futura. Mais ainda: no resvalar entre as duas temporalidades, o velho é verdadeiro ao dizer que Ulisses está a ponto de voltar, mas astutamente oculta que ele, Ulisses, na verdade já voltou. Logo, a rigor, mesmo dizendo a verdade, fá-lo mentindo com o mais pleno consentimento.

A observação de Eumeu mostra ainda que narrar *katà kósmon* não se reduz à verossimilhança, a dar ao relato uma certa ordenação *verdadeira*, que a cronologia, o catálogo e a coesão interna garantiriam. É sintomático que sua censura se faça justamente com base no relato de alguém que dizia ter visto Ulisses no palácio de Idomeneu – o que pode ser considerado um indício de verossimilhança, pois tanto o velho cretense diz que partiu para Troia com Idomeneu ("a Idomeneu, juntamente comigo, tocou a incumbência/ de governar umas naus para Troia", *Odisseia*, XIV, 237-238) quanto Éton se apresenta a Penélope como irmão de Idomeneu e, por isso, anfitrião de Ulisses (*Odisseia*, XIX, 181-202). Assim, as referências a Creta e a seu rei parecem servir tanto para garantir a autenticidade de relatos sobre Ulisses, provavelmente porque deveria ser proverbial sua amizade com Idomeneu, como para situar personagens fictícias: seu irmão, o companheiro que, com ele, comandou navios até Troia. Não se pode descurar, entretanto, que o nome de Idomeneu está consagrado no catálogo das naus, onde se diz que, com Meríones, comandou oitenta navios cretenses (*Ilíada*, II, 645-652). Trata-se, pois, de um reconhecido combatente, que, entretanto, não se destaca no domínio dos *kléa andrôn*, o que permite que se preste a fabulações paralelas, guardando em si narrativas do gênero das (in) contáveis. Com efeito, a fórmula, nos dois *pseúdea* de Ulisses, parece ser Idomeneu mais eu próprio: com ele comandei os navios até Troia (o que poderia levar a supor que o velho fosse, portanto, Meríones); enquanto ele partiu para Troia, fiquei cuidando de seu palácio, eu Éton, seu irmão. Em Apolodoro encontramos um detalhe interessante que, se provier de alguma tradição tão antiga quanto Homero, acrescentará mais à compreensão das escolhas de Ulisses: o rei de Creta integra o rol daqueles cujas esposas os traíram enquanto estiveram ausentes, a saber, "Clitemnestra com Egisto, Egialeia com Cometes, filho de Esténelo, e Meda, esposa de Idomeneu, com Leuco" (*Biblioteca*, epítome, 6). Assim, por ocasião de sua volta, foi necessário que ele retomasse seu reino, tal qual acontece com Ulisses, a fim de que não sofresse o amargo destino de Agamêmnon. De qualquer modo, o nome de Idomeneu parece um signo de verossimilhança – e mesmo quando Eumeu cita a tal história de que Ulisses estaria em sua corte prestes a voltar, para justificar por que não crê mais em contadores de odisseias, apenas reforça como essa parece ser uma versão comum do retorno do herói. Quem sabe se não é justamente contra esse pano de fundo das muitas odisseias possíveis, em que Idomeneu exerce uma função importante, que o próprio Ulisses elabora seus *pseúdea*, dizendo-se então irmão e companheiro daquela personagem coadjuvante, mas, nem por isso, menos ilustre?

Que não é a simples cronologia e o catálogo que fazem um relato *katà kósmon* nos dá prova o próprio Homero, quando, ultrapassando suas personagens narradoras, se compraz em compor seu poema numa série de enquadramentos não cronológicos, maestria já elogiada por Aristóteles e Horácio. Tomemos um único exemplo: a história (*kósmos*) do cavalo e dos últimos sucessos da guerra, que não se conta na *Ilíada* e poderia ser o princípio da narrativa de Ulisses aos feácios, espalha-se por vários pontos do texto, em vozes variadas: em primeiro lugar, na de Menelau, que, pondo em dúvida a sinceridade de Helena, lembra como esta, provavelmente porque sabedora do ardil que parece que Ulisses lhe teria exposto quando de sua incursão pelo interior de Troia, imita a voz das esposas dos heróis que estavam no interior do cavalo, para fazer com que se denunciassem (*Odisseia*, IV, 271-289); em segundo lugar, no canto de Demódoco, apenas resumido pelo poeta (*Odisseia*, VIII, 499-520); finalmente, na voz do próprio Ulisses, quando, respondendo à pergunta de Aquiles sobre o filho, garante que Neoptólemo se conduziu, dentro do cavalo e na batalha final, como um dos mais bravos guerreiros (*Odisseia*, XI, 523-537). Caberia perguntar por que um entrecho tão decisivo recebeu um tratamento tão fragmentado da parte do poeta? Uma resposta simples seria admitir que fosse suficientemente conhecido dos ouvintes, bastando que, em cada ocasião, fosse apenas referido. Uma resposta mais elaborada: é provável que o episódio do cavalo constitua um *kósmos* justamente porque admite essas várias perspectivas, constituindo-se, no espaço da memória, na dependência de lembranças diversas e nem sempre concordes que a ação do poeta, de algum modo, organiza. Mas, além disso, poderíamos também conjeturar que o *kósmos* do cavalo, bem como toda a *Odisseia*, só adquire sua forma quando em relação com o *kósmos* do ouvinte ou leitor, ao qual competiria organizar os dados que lhe são fornecidos de modo esparso. Isso esclareceria o comentário de Eumeu sobre o que se refere a Ulisses no *pseûdos* de Ulisses: o que se diz não é *katà kósmon* não por algum defeito interno ao próprio relato, que, como vimos, não apresenta nada que deponha contra sua coesão, mas porque não *convém* com a expectativa de Eumeu no que tange a histórias sobre o retorno de seu amo. Assim, o sentido de *katà kósmon* enquanto *conveniência* coaduna com o que diz respeito aos elementos internos de verossimilhança e coesão, completando o círculo necessário para que a ficção se efetive enquanto tal. Ainda que um *pseûdos* represente convir (ou compor) com aquilo a que se refere, se não convier (ou compuser) com a expectativa do recebedor falhará em seus objetivos ou, nas palavras do porqueiro, não será *katà kósmon*.

Finalmente, cumpre ressaltar que, se é por narrar histórias sob a pele do velho cretense que Eumeu aproxima seu amo do aedo – e, mais ainda, se ele reconhece explicitamente que a parte relativa a Ulisses decerto não é conveniente, com base em sua experiência com outros contadores de odisseias, do mesmo modo que o leitor da *Odisseia* também sabe que não é, pela onisciência que reparte com o poeta – se é neste justo momento em que não se tem dúvida de que se representa intencionalmente o que é inventar *pseúdea* que se diz que Ulisses conta tal qual um aedo, encantando seu ouvinte e prendendo-o, então o que parece que se encena é a própria ficcionalidade. É uma questão de tempo até que a desconfiança de Eumeu seja formulada na dicção soloniana: muito mentem os aedos. Ainda mais: se Alcínoo, no interregno da visita do herói ao Hades, também insiste que Ulisses (com seu nome próprio) conta tal qual um aedo, então, mesmo minimamente, abriu-se uma brecha para pôr-se em causa a verdade de tudo quanto ele contou aos feácios: nada mais que um *Alkínou apólogos*, no sentido de uma história longa, detalhada e fabulosa (cf. Platão, *República*, 614 b; Aristóteles, *Retórica*, 3, 16, 7).

Entretanto, não parece que o mais importante seja decidir sobre a veracidade ou não da narrativa a Alcínoo, mas constatar que a mesma convém absolutamente com a expectativa de seus privilegiados ouvintes, representa mesmo o máximo de conveniência e, por isso, apresenta-se como modelar. Na encenação da ficcionalidade, assistimos não só a relatos que convêm, independentemente de se verdadeiros ou falsos – o que se aplica não só às narrativas de Demódoco, como também às de Ulisses a Penélope –, quanto somos postos diante de narrativas que simplesmente não convêm, como no caso de Fêmio, pelo menos do ponto de vista de Penélope. O papel de Penélope enquanto encarnação do recebedor parece emblemático: de um lado, é ela que expõe a inconveniência de Fêmio; de outro, atesta a conveniência de Ulisses tanto quando ele fala como Éton – logo, conta-lhe *pseúdea* – quanto quando fala como Ulisses – logo, contando-lhe *alethéa* – na cena final em que o herói lhe relata toda sua odisseia (*katálexai hápanta*), a começar pelo episódio dos cícones, até a partida de Esquéria (*Odisseia*, XXIII, 310-343). Assim, parece que a própria questão do verdadeiro e do falso depende dessa conveniência, havendo enquadramentos variados: nem porque o relato de Éton é mentiroso ele convém menos à expectativa de Penélope que a história verdadeira de Ulisses, pelo menos no momento em que é proferido – e tanto é assim que constitui um elo insubstituível para o prosseguimento da narrativa, o que comprova como, de fato, é inteiramente *katà kósmon*. Por esse ângulo, entende-se como o próprio relato aos feácios, ou seja, a própria odisseia, pode ser tido como *pseûdos* – como será tido por inúmeros leitores gregos – sem que se destrua a *Odisseia* (e o que aconteceria se o mesmo fosse admitido, por um leitor judeu, com relação à história de Abraão?).

O testemunho das leituras gregas não nos deixa dúvidas de que, tratando-se de leitores excepcionalmente dotados, como o são Sólon, Platão e Aristóteles, o que se expõe é o que os textos, de alguma forma, supõem – e seria no mínimo preconceituoso atribuir aos poetas arcaicos e a seu público uma inconsciência ingênua sobre o fazer poético ou pretender que Homero e Hesíodo, em nome de uma inconsistente mentalidade primitiva, agissem meio às cegas. Na verdade, eles, com seu gesto inaugural (pelo menos até onde podemos retroceder numa tradição narrativa que parece muito antiga) expuseram o lugar do poeta, ao refletirem sobre sua função, abrindo a história de uma reflexão crítica que se estenderá por uma longuíssima duração. Também no campo da poesia parece despropositado supor qualquer espécie de "milagre grego", que dividiria a era da ingenuidade dos tempos da razão, tratando-se, antes, de uma reflexão continuada que, no próprio processo de refletir-se, desembocará nas poéticas clássicas. Estas, portanto, não nascem do nada, mas são provocadas pelas próprias "poéticas implícitas" dos antigos poemas.

Dizendo de outro modo: ao exporem o poeta, esses poemas consagraram nada menos que o refinado conjunto de relações entre verdade(s) e *pseûdos* a que depois (desde os romanos) se chamou de ficção.

O que poderia também ser outro nome da Musa.

REFERÊNCIAS

ADRADOS, Francisco Rodríguez; FERNÁNDEZ-GALIANO, Manuel; GIL, Luis; VEGA, José S. Lasso de la. *Introducción a Homero.* Madrid: Guadarrama, 1963.

BENEDETTO, Vicenzo di. *Nel laboratorio di Omero.* Torino: Einaudi, 1998.

BENVENISTE, E. *Problèmes de linguistique générale.* Paris: Gallimard, 1966.

BERARD, Victor. *L'Odysée: poésie homérique.* Paris: Les Belles Lettres, 1946.

BOTTÉRO, Jean. Adivinhação e espírito científico na Mesopotâmia. *Classica*, v. 4, n. 4, p. 25-34, 1991.

BOWIE, E. L. Lies, Fiction and Slander in Early Greek Poetry. In: GILL, Christopher & WISEMAN, T.P. *Lies and Fiction in the Ancient World.* Austin: University of Texas Press, 1993.

BRASETE, Maria Fernanda. A *persona* do poeta no proémio da *Teogonia* de Hesíodo. *Revista da Universidade de Aveiro – Letras*, v. 12, p. 253-273, 1995.

BRETTLER, Marc Zvi. *The Creation of History in Ancient Israel.* London/New York: Routledge, 1995. p. 26-34.

CROISET, Alfred & CROISET, Maurice. *Histoire de la littérature grecque.* Tome I. Paris: Ernest Thorin, 1887.

DE JONG, Irene. *A Narratological Commentary of the* Odyssey. Cambridge: Cambridge University Press, 2001.

DE JONG, Irene. Homer and Narratology. In: MORRIS, Ian & POWELL, Barry (ed.). *A New Companion to Homer.* Leiden-New York-Köln: Brill, 1997. p. 305-325.

DELEBECQUE, E. *Construction de l' «Odyssée»*. Paris: Les Belles Lettres, 1980.

DOHERTY, Lillian Eileen. Sirens, Muses and Female Narrators in the *Odyssey*. In: COHEN, Beth (ed.). *The Distaff Side*: Representing the Female in Homer's *Odyssey*. New York-Oxford: Oxford Univ. Press, 1995. p. 81-92.

ERBSE, Hartmut. *Scholia graeca ad Homeri* Iliadem *(Scholia vetera)*. Berolini: Walter der Gruyter et socios, 1969.

EDWARDS, Mark W. *The Iliad: A Commentary*. Vol. V: Books 17-20. Cambridge: Cambridge University Press, 1991.

FENIK, B. Studies in the *Odyssey*. *Hermes Einzelschriften* 30, 1974.

FLAVIUS JOSÈPHE. *Contre Apion*. Ed. Theodore Reinach. Paris: Les Belles Lettres, 1930.

FRONTISI-DUCROUX, Françoise. *La cithare d'Achille: essai sur la poétique de l'*Iliade. Roma: Ateneo, 1986.

GARRIDO GALLARDO, M.A. Una vasta paráfrasis de Aristóteles. In: *Teoría de los géneros literarios*. Madrid: Arco, 1988. p. 9-27.

GOLDHILL, Simon. *The Poet's Voice: Essays on poetics and greek literature*. Cambridge/New York/Melbourne: Cambridge University Press, 1991.

HARTOG, François. *A história de Homero a Santo Agostinho*. Prefácios de historiadores e textos sobre a história reunidos e comentados por François Hartog, traduzidos para o português por Jacyntho Lins Brandão. Belo Horizonte: Editora da UFMG, 2001.

HARTOG, François. *Memória de Ulisses: Narrativas sobre a fronteira na Grécia antiga*. Belo Horizonte: UFMG, 2003.

HARTOG, François. *O espelho de Heródoto: Ensaio sobre a representação do outro*. Belo Horizonte: UFMG, 1999.

HAVELOCK, Eric A. *A revolução da escrita na Grécia e suas consequências culturais*. Tradução de Ordep Trindade Serra. São Paulo: EDUNESP/ Paz e Terra, 1996.

JANKO, Richard. The homeric poems as oral dictated texts. *Classical Quartely*, v. 48, n. 1, p. 4-5, 1998.

JANKO, Richard. *The Iliad: A Commentary*. Vol. IV: Books 13-16. Cambridge: Cambridge University Press, 1992.

KIRK, G. S. *Los poemas de Homero*. Barcelona: Paidos, 1985.

KIRK, G. S. *The Iliad: A Commentary*. Vol. I: Books 1-4. Cambridge: Cambridge University Press, 1987.

LAGE, Celina Figueiredo. *Para ver a* Odisséia*: entre a literatura, as artes plásticas e o cinema*. Belo Horizonte: Universidade Federal de Minas Gerais, 2004. (tese)

LEMOS, Maria de Lourdes Guimarães de. *Sobre a mímesis poética nos livros II-III do diálogo Politéia de Platão*. Rio de Janeiro: Universidade Federal do Rio de Janeiro, 2000. (dissertação)

LEVET, J.-P. *Le vrai et le faux dans la pensée grecque archaïque*. Paris: Les Belles Lettres, 1976.

LLEDÓ IÑIGO, E. *El concepto de "poíesis" en la filosofía griega: Heráclito – Sofistas – Platón*. Madrid: Conselho Superior de Investigaciones Científicas, 1961.

LUCIANO. *O mentiroso (ou o incrédulo)*. Tradução, introdução e notas de Custódio Magueijo. Lisboa: Colibri, 1995.

MINER, Earl. *Poética comparada*. Tradução de Angela Gasperin. Brasília: Universidade de Brasília, 1996.

MIRALLES, Carles & PÒRTULAS, Jaume. L'image du poète en Grèce archaïque. In: LORAUX, Nicole & MIRALLES, Carles (ed.). *Figures de l'intellectuel en Grèce ancienne*. Paris: Belin, 1998. p. 15-63.

MURRAY, Penelope A. *Poetic Inspiration in Early Greece. Journal of Hellenic Studies*, 101, p. 87-100, 1981.

NAGY, Gregory. *La poésie en acte: Homère et autres chants*. Traduit par Jean Bouffartigue. Paris: Belin, 2000.

NAGY, Gregory. *The best of Achaeans: Concepts of the hero in archaic greek poetry*. Baltimore: The Johns Hopkins University: 1979.

NEVES, Maria Helena de Moura. O tema de Agamenão na *Odisséia*. In: PINTO, Neiva Ferreira e BRANDÃO, Jacyntho Lins (org.). *Cultura clássica em debate: Estudos de arqueologia, história, filosofia, literatura e lingüística greco-romana*. Belo Horizonte: UFMG/CNPq/SBEC, 1987. p. 167-188.

PAPADOPOULOU-BELMEHDI, Ioanna. *Le chant de Pénélope: Poétique du tissage féminin dans l'Odysée*. Paris: Belin, 1994.

PEREIRA, Maria Helena da Rocha. *Estudos de história da cultura clássica*. Vol. 1: Cultura grega. Lisboa: Fundação Calouste Gulbenkian, 2003.

PLATTHY, Jeno. *The mythical poets of Greece*. Washington: Federation of International Poetry Associations, 1985.

PÒRTULAS, Jaume. Poetas míticos de Grecia. *Actas del X Congreso Español de Estudios Clásicos*. V. 1. Madrid: Sociedad Española de Estudios Clásicos, 2000. p. 289-312.:

PUCCI, Pietro. *Odysseus polutropos: intertextual readings in the Odyssey and the Iliad*. Ithaca: Cornell University Press, 1987.

PUENTE, Fernando Rey (organizador). *Os filósofos e a mentira*. Belo Horizonte: Editora UFMG, 2002.

RASHI. *El Pentateuco con el comentario de Rabí Shlomo Yitzjaki (Rashi)*. Edición hebraico-castellano. Traducción de Enrique Jaime Zadoff y Jaime Barildo. Buenos Aires: Yehuda, s/d.

ROSEN, Ralph M. Homer and Hesiod. In: MORRIS, Ian & POWELL, Barry (ed.). *A New Companion to Homer*. Leiden-New York-Köln: Brill, 1997. p. 463-488.

RUSSO, Joseph. *A commentary on Homer's Odyssey*. Vol. 3. Oxford: Clarendon, 1992.

SARIAN, Haiganuch. *Poieîn - gráphein*: o estatuto social do artesão-artífice dos vasos áticos. *Revista do Museu de Arqueologia e Etnologia*, n. 3, p. 105-120, 1993.

SARTRE, Jean-Paul. *O muro*. Tradução de H. Alcântara Silveira. Rio de Janeiro: Civilização Brasileira, 1977.

SCHÜLER, Donaldo. *Aspectos estruturais da Ilíada*. Porto Alegre: Universidade Federal do Rio Grande do Sul, 1975.

SCODEL, Ruth. Bardic performance and oral tradition in Homer. *American Journal of Philology*, v. 119, n. 2, p. 171-194, 1998.

SCODEL, Ruth. *Listening to Homer: Tradition, narrative, and audience*. Michigan: University of Michigan Press, 2002.

SEGAL, Charles. *Kleos* and its Ironies in the *Odyssey*. *AntCl*, v. 52, p. 22-47, 1983.

SEGAL, Charles. *Singers, heroes, and gods in the Odyssey*. Ithaca/London: Cornell University Press, 2001.

SEGAL, Charles. The Pheacians and the symbolism of Odysseus' return. *Arion*, v. 1, p. 17-64, 1962.

STANFORD, William Bedell. *The Odyssey of Homer.* London: St. Martin's Press, 1959.

SVENBRO, Jesper. *La parole et le marbre: aux origines de la poétique grecque*. Lund: Studenlitteratur, 1976.

TODOROV, Tzvetan. *Poética da prosa*. Tradução de Maria de Santa Cruz. Lisboa: Edições 70, 1979.

VARAZZE, Jacopo. *A legenda áurea*. Tradução de Hilário Franco Júnior. São Paulo: Companhia das Letras, 2003.

VAZ, Armindo dos Santos. *A visão das origens em Génesis 2, 4b-3,24: coerência temática e unidade literária.* Lisboa: Didaskalia/Carmelo, 1996.

VERDENIUS, W.J. The Principles of Greek Literary Criticism. *Mnemosyne*, v. 36, fasc. 1-2, p. 14-59, 1983.

WALSH, G. *The Varieties of Enchantment: Early Greek Views of the Nature and Function of Poetry.* Chapel Hill, 1984.

WEST, Stephanie, *A commentary on Homer's Odyssey*. vol. 1. Oxford: Clarendon Press, 1990.

WHEELER, Graham. Sing, Muse...: The Introit from Homer to Apollonius. *Classical Quartely*, v. 52, n. 1, p. 33-49, 2002.

WILLCOCK, Malcolm M. *The Iliad of Homer*. London: Macmillan, 1978.

ZUBIRI, Xavier. *Naturaleza, historia, Diós*. Madrid, 1944.

2ª edição [2015]

Esta obra foi composta em Minion Pro e Din sobre papel
Pólen soft 80 g/m² para a Relicário Edições.